历史
百问百答

世界篇

高怀举 主编
吴冬梅 刘君君 王巍 副主编
中国地图出版社 编著

中国地图出版社
·北京·

图书在版编目（CIP）数据

历史百问百答. 世界篇 / 中国地图出版社编著. -- 北京：中国地图出版社，2023.9（2023.11 重印）

ISBN 978-7-5204-3617-5

Ⅰ. ①历… Ⅱ. ①中… Ⅲ. ①世界史－通俗读物 Ⅳ. ①K109

中国国家版本馆 CIP 数据核字（2023）第 165100 号

LISHI BAI-WEN BAI-DA · SHIJIE PIAN

历史百问百答 · 世界篇

出版发行　中国地图出版社	邮政编码　100054
社　　址　北京市西城区白纸坊西街 3 号	网　　址　www.sinomaps.com
电　　话　010-83490076　83495213	经　　销　新华书店
印　　刷　河北环京美印刷有限公司	印　　张　13.5
成品规格　170 mm × 240 mm	
版　　次　2023 年 9 月第 1 版	印　　次　2023 年 11 月河北第 2 次印刷
定　　价　69.00 元	
书　　号　ISBN 978-7-5204-3617-5	
审图号　GS（2023）2487 号	

* 如有印装质量问题，请与我社联系调换。

前言

《义务教育历史课程标准》（2022年版）提到，义务教育历史课程，是学生在马克思主义唯物史观指导下，了解中外历史发展进程、传承人类文明、提高人文素养的课程，具有鉴古知今、认识历史规律、培养家国情怀、拓宽国际视野的重要作用。历史的学习，有助于学生发展核心素养，培养学生适应未来发展的正确价值观、必备品格和关键能力。

对于刚接触历史学科的学生来说，史海浩瀚，很多内容难以理解，所以他们的脑海里存在很多疑问：

为什么海内外的华人常常自称"炎黄子孙"？

"烽火戏诸侯"是真的吗？

"空中花园"真的在空中吗？

……

这就需要一套以教材为依据，又超越教材的历史书，来深入浅出地回答他们的诸多疑问。

《历史百问百答》密切结合初中历史课标、课本和中考考点，由国内教育专家和重点中学的一线优秀教师精心打造。本书分

"中国篇""世界篇"两册,将"学生的兴趣点""教材的知识点""学生的素养生长点"相结合,每册精选100个问题,用翔实的史料、精练的文字予以解答,内容涵盖人类出现的远古时代至今天的信息时代,力求用作者数十年的教学经验和轻松的语言为学生答疑解惑。

本书的亮点还在于精心编制的数十幅地图,这些地图与初中考点紧密关联,甚至有不少是在考试中高频出现的。它们可以帮助学生构建历史的空间概念,快速掌握答题要点。

除此之外,考虑到读者的阅读习惯,书中配有与正文相关的高清插图,它们不仅可以丰富阅读节奏,还能让学生以信息可视化的方式学习历史知识,从而使其对历史有更深入的理解。

这些图文并茂、生动有趣的问答,能丰富学生的知识储备,激发他们对历史的好奇心,吸引他们阅读,引领他们去探索人类的辉煌历史。

目 录

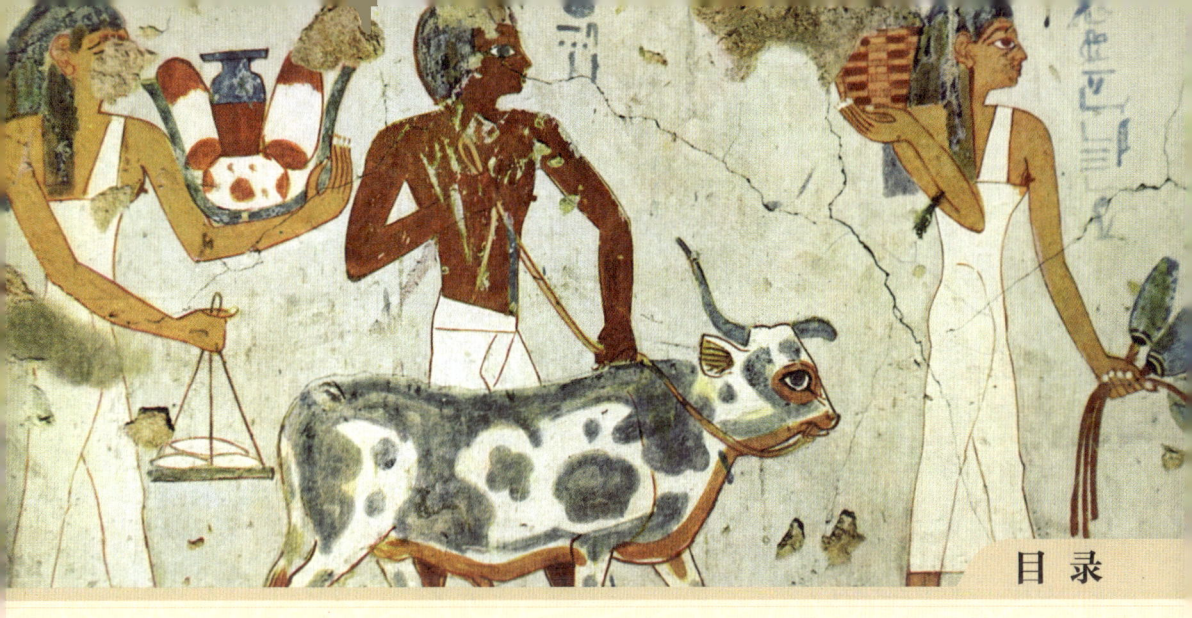

古 代 卷

001　你了解金字塔吗？／2
002　狮身人面像的鼻子哪去了？／4
003　空中花园真的建在空中吗？／6
004　你知道世界上最古老的法典是哪一部吗？／8
005　你了解玄奥的古印度文明吗？／10
006　特洛伊是如何被发现的？／12
007　陶片放逐法是一项怎样的法令？／14
008　古希腊神话中的神是怎样的？／16
009　《荷马史诗》里写了什么？／18
010　"古希腊三贤"都有谁？／20
011　现代奥林匹克运动会的起源是什么？／22

012　为什么雪莱说"我们都是希腊人"？/ 24

013　"不是一天建成"的罗马，是如何崛起的？/ 26

014　古罗马的角斗士是怎样练成的？/ 28

015　罗马帝国的元首制是怎么来的？/ 30

016　为什么说"条条大路通罗马"？/ 32

017　为什么说罗马大角斗场是古代建筑的奇迹？/ 34

018　《十二铜表法》是一部什么样的法典？/ 36

019　今天我们使用的公历是怎么来的？/ 38

020　为什么星期日不用工作？/ 40

021　"我的附庸的附庸不是我的附庸"是什么意思？/ 42

022　你知道扑克牌里"老K"的原型都是谁吗？/ 44

023　骑士是怎么生活的？/ 46

024　城堡只存在于童话里吗？/ 48

025　为什么说"城市的空气使人自由"？/ 50

026　西欧早期的大学是怎样的？/ 52

027　你知道东罗马帝国皇帝查士丁尼吗？/ 54

028　拜占庭帝国为何存在千年之久？/ 56

029　为什么称中世纪为"黑暗时代"？/ 58

030　大化改新效仿了唐朝哪些典章制度？/ 60

031　为什么我们能看懂日本的很多路牌？/ 62

032　阿拉伯帝国是怎样兴起的？/ 64

033　《天方夜谭》是怎样的一本书？/ 66

034　你知道玛雅文明吗？/ 68

近代卷

- 035　西欧的租地农场和手工工场是怎样出现的？/ 72
- 036　文艺复兴为什么会先在意大利产生？/ 74
- 037　为什么说达·芬奇神奇得像一个穿越者？/ 76
- 038　为什么马克思称莎士比亚是"人类最伟大的戏剧天才"？/ 78
- 039　你知道西班牙国庆日的由来吗？/ 80
- 040　麦哲伦完成了环球航行吗？/ 82
- 041　为什么最早进行殖民的国家是葡萄牙和西班牙？/ 84
- 042　在大西洋进行的"三角贸易"是什么？/ 86
- 043　英国为什么被称为"议会之母"？/ 88
- 044　"光荣革命"为何"光荣"？/ 90
- 045　哪些美国总统与美国独立战争紧密相关？/ 92
- 046　为什么说美国是一个"没有童年"的国家？/ 94
- 047　你知道美国的自由女神像吗？/ 96
- 048　美国总统是"皇帝"吗？/ 98
- 049　什么是启蒙运动的"理性之光"？/ 100
- 050　你知道法国三色旗的由来吗？/ 102
- 051　你知道拿破仑的故事吗？/ 104
- 052　法国资产阶级革命为什么叫"大革命"？/ 106
- 053　"工厂"与"工场"是一回事吗？/ 108
- 054　1851年伦敦万国博览会上，英国是如何惊艳世界的？/ 110
- 055　蒸汽机是瓦特发明的吗？/ 112
- 056　为什么说马克思是"千年第一思想家"？/ 114

057 《国际歌》是如何诞生的？／116
058 南美的"解放者"是谁？／118
059 你知道章西女王的故事吗？／120
060 俄罗斯历史上被授予"大帝"称号的人是谁？／122
061 铁腕沙皇亚历山大二世为何又被称为"解放者沙皇"？／124
062 棉花是如何引发美国内战的？／126
063 美国总统山上是哪四位总统的雕像？／128
064 黑船事件是怎么回事？／130
065 为什么说明治维新是日本狂飙之路的开端？／132
066 目前世界上获得发明专利最多的科学家是谁？／134
067 你知道第一辆现代意义上的汽车起源于一台"三轮车"吗？／136
068 你知道诺贝尔奖的起源吗？／138
069 为什么说工业革命后的世界"是最好的时代，也是最坏的时代"？／140
070 牛顿主要有哪些成就？／142
071 你知道达尔文其人其事吗？／144
072 为什么列宁称托尔斯泰为"俄国革命的镜子"？／146

现代卷

073 20世纪初点燃"欧洲火药桶"的"火星"是什么？／150
074 你知道"一战"战场上敌对双方踢了一场"友谊足球赛"吗？／152
075 "一战"中交战双方使用了哪些新式武器？／154
076 "一战"中的凡尔登战役为什么被称为"绞肉机"？／156
077 "一战"给世界带来了什么影响？／158

078　俄国为什么会发生十月革命？／160

079　十月革命的胜利对世界有何影响？／162

080　你知道巴黎和会及其三巨头吗？／164

081　《凡尔赛条约》为什么只维持了20年的和平？／166

082　为什么说华盛顿会议是巴黎和会的继续？／168

083　《钢铁是怎样炼成的》一书的社会背景是什么？／170

084　苏联为什么要优先发展重工业？／172

085　甘地为什么被称为"圣雄"？／174

086　1929年"黑色星期四"到底发生了什么？／176

087　罗斯福为何能连任四届美国总统？／178

088　"二战"初期的"静坐战争"是怎么回事？／180

089　你知道珍珠港事件吗？／182

090　"二战"中决定国际关系格局的重要会议有哪些？／184

091　斯大林格勒保卫战为什么被称为"二战"的转折点？／186

092　诺曼底登陆是怎么回事？／188

093　美苏冷战对峙局面是怎样一步一步形成的？／190

094　"北约"是什么组织？／192

095　什么是古巴导弹危机？／194

096　你知道欧盟的前世今生吗？／196

097　"二战"后日本经济是如何迅速发展的？／198

098　什么是"从摇篮到坟墓"的社会保障制度？／200

099　曼德拉为什么被称为"全球总统"？／202

100　国际联盟和联合国分别是怎样的组织？／204

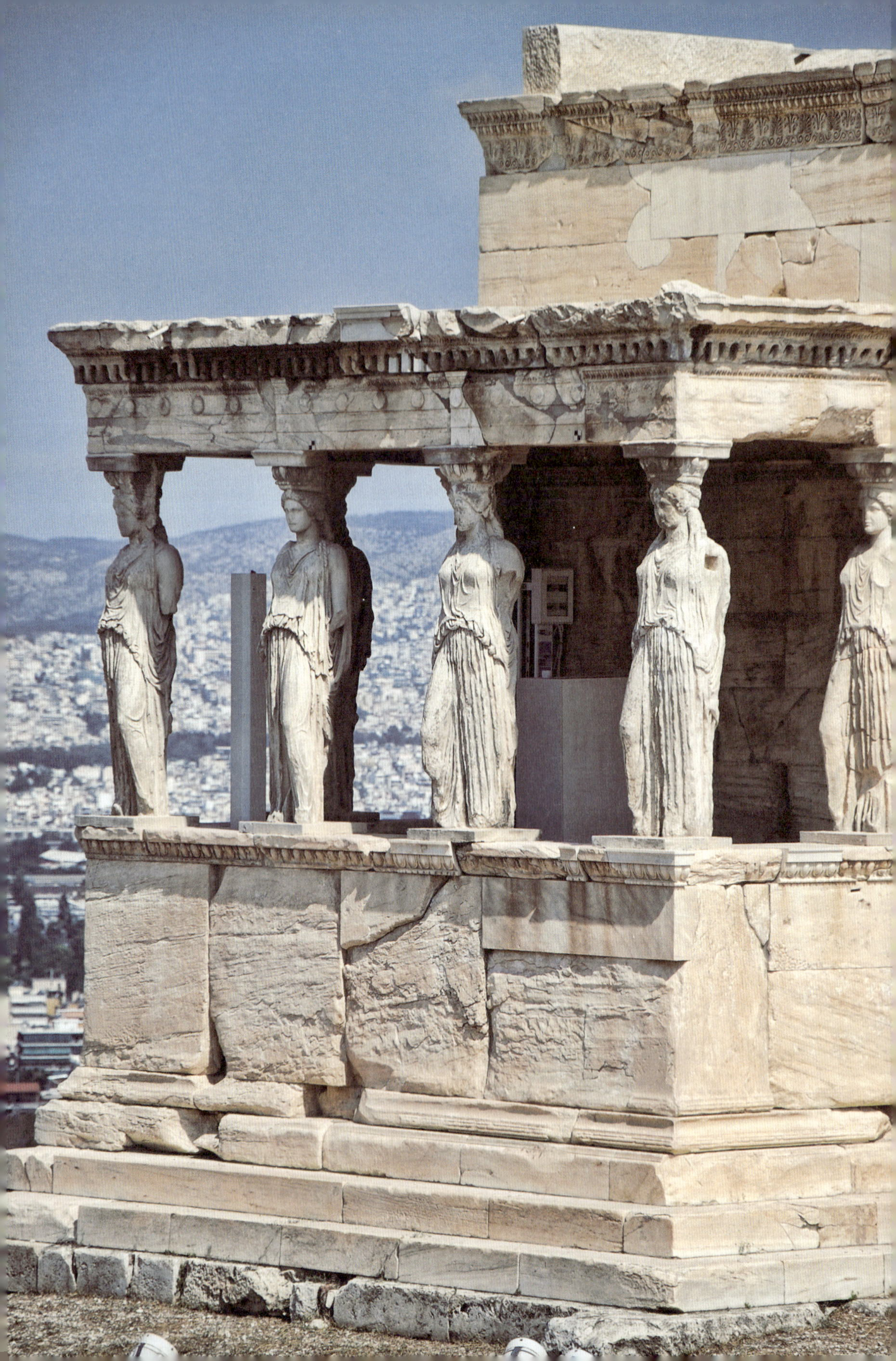

古代卷

远古时代—约 1500 年

001 你了解金字塔吗？

埃及金字塔（一说胡夫金字塔）、巴比伦的空中花园、阿尔忒弥斯神庙、奥林匹亚宙斯神像、摩索拉斯陵墓、罗得岛太阳神巨像和亚历山大城法罗斯岛上的灯塔是为大家所熟知的古代世界"七大奇观"。但是千百年来由于地震、火灾、战争等原因，其中的六个已经基本被损毁，我们只能到典籍中寻觅它们的踪迹了，而作为"七大奇迹"之首的金字塔却很幸运地保存到了今天。古代埃及人为什么要修建金字塔？为什么说金字塔是古埃及文明的象征呢？

金字塔

尼罗河的赠礼：古埃及

尼罗河定期泛滥，使河流沿岸的土地得到灌溉，洪水退后会留下肥沃的泥土，为古埃及人的生存繁衍提供了条件。从约公元前3500年开始，尼罗河下游陆续出现了若干小国家，几百年后埃及初步实现了统一。他们的国王叫做法老，第一任法老是美尼斯，他宣称自己既是王，又是神。古埃及把人划分成不同的等级，各等级人的身份是世袭的，不能随意改变。

木乃伊和金字塔：永恒来世的追求

古埃及人执着地追求永恒来世，他们希望死后身体不要腐烂，好让灵魂重新回到身体里，于是，就有了木乃伊。法老们还用巨大的石头建造自己的陵墓，这就是金字塔。金字塔在法老活着的时候就破土动工了，都建在尼罗河西岸，其中最大的金字塔就是胡夫金字塔。据说，它是十多万人花了20多年的时间才修好的，其中有的大石头像一间房子那么大。在没有现代化机械的年代，这些大石头是怎么运上去的呢？古埃及人是怎样修建金字塔的呢？

未解之谜

古埃及人没有留下关于如何建造金字塔的历史记录，金字塔是怎么建造的，长期以来形成了诸多的猜测，比如机械搬运法说、斜坡搬运法说、浇铸法说、水运法说等。无论哪一种猜测，都离不开古代埃及人民的智慧，也离不开古代埃及社会经济的高度发展，金字塔是当之无愧的古埃及文明的象征。

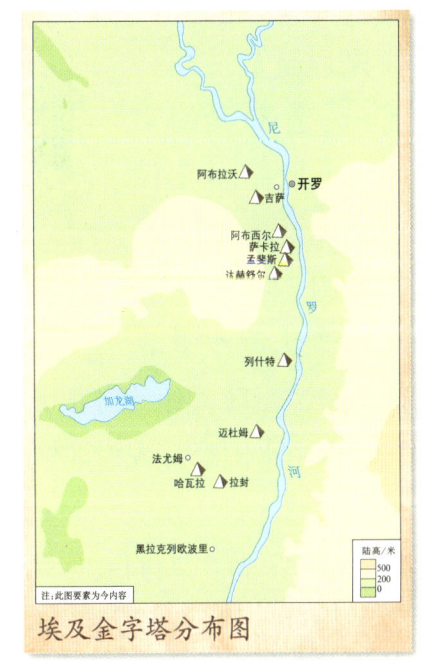

埃及金字塔分布图

002 狮身人面像的鼻子哪去了？

狮身人面像是谁修建的呢？学者们各执一词，有人说是胡夫法老命人用陵墓竣工后剩余的巨石修建的，还有人说是胡夫的儿子哈夫尔法老令人根据父亲的相貌修建的……这座石像高约20米，长约57米，若算上两个前爪则全长约72米。在四千多年前那个还没有铁器的年代，古埃及人主要使用石锤配合铜质的凿子来进行工作，这项工作估计至少需要100名工人连续工作3年才能完成。

重见天日

几千年来，狮身人面像一直被黄沙掩埋至肩部，只露出一个奇异的头颅。20世纪30年代末，埃及考古学家萨利姆·哈桑最终将巨像从黄沙中解放出来，当时《纽约时报》宣称："斯芬克斯终于从无法穿透的遗忘阴影中走出来，成为地标。"

狮身人面像侧面

遗憾的是，重见天日的狮身人面像没有了胡须和鼻子。胡须部分是"一战"期间被英属埃及殖民军中的一位军官命人拆下的，后来几经辗转，进入大英博物馆，1983年，大英博物馆又将这一段胡须归还给埃及。但是狮身人面像鼻子的下落仍然是一个谜。

众说纷纭

狮身人面像的鼻子究竟去了哪里？现在有各种说法。

说法一：狮身人面像的鼻子早在几千年前就没有了。有些历史学家认为，当时负责修建金字塔与狮身人面像的工匠几乎全是奴隶，他们遭受着非人的待遇，后来就发动了大规模的暴动，试图推翻埃及权贵的统治。在暴动的过程中，他们为了宣泄愤怒的情绪，就敲掉了狮身人面像的鼻子。

说法二：狮身人面像缺失鼻子是大自然风化的结果。狮身人面像作为一个整体，鼻子和胡须与雕像的衔接面比较小，风吹雨淋会首先对它们造成"致命伤害"，以至于它们从狮身人面像上断裂脱落了。

说法三：狮身人面像的鼻子是被拿破仑炸掉了。1798年，拿破仑率军侵入了埃及，为了能够彻底震慑当地的民众，拿破仑命人用大炮对准了埃及境内"唯一没有低头的勇者"——狮身人面像，致使它失去了鼻子。

狮身人面像正面

另外还有中世纪大炮试射导致狮身人面像鼻子断裂等说法。

你认为哪一种观点更合理？

003 空中花园真的建在空中吗？

古代世界"七大奇观"之一的巴比伦空中花园，真的建在空中吗？

一个爱情故事

关于空中花园的修建，流传着一个美丽动人的传说：两河流域的新巴比伦国王尼布甲尼撒二世娶了米底的公主安美依迪丝。公主深得国王的宠爱，可是远离家乡时间久了，公主饱受思乡之苦。于是，国王令工匠按照米底山区的景色，在他的宫殿里，建造了层层叠叠的阶梯型花园，并种植上各种花草树木，远远看去花园像是悬在半空中，所以叫做"空中花园"。

用泥土建造起来的文明

空中花园所在的两河流域中的"两河"，指的是幼发拉底河和底格里斯河，传说中的"伊甸园"就在这里。公元前3000年代初，苏美尔人在这里建立若干城邦。苏美尔文明衰落之后，又先后出现了阿卡德人和巴比伦人创造的文明。

两河流域没有大石头，泥土是人们最基本的生活资源，聪明勤劳的人们不仅用泥土来种植庄稼，还用泥土来建造房屋、制造器皿。文字也是写在泥板上的。他们发明了计数法中的60进制，他们崇拜太阳、月亮、星星这些奇妙的天体，经常观察它们，根据月亮的圆缺变化制定了阴历，他们还能预测日食的发生。知道古代生活在两河流域的人们有多聪明了吧！

建在发达的文明之上

除了空中花园,两河流域的人们很早就发明了文字。它们用削成尖头的芦秆或木棒做笔,在还没有晾干的软泥板上压刻出符号,这些符号的线条由粗到细,很像楔子,所以这些文字被称为"楔形文字"。书写的最初目的是保存农事记录,后来记载的内容包括经济、法律、文化等多种多样的内容。

两河流域的人们既有聪明的头脑,又有先进的工具和文字,他们能够建造出一座层层叠叠的阶梯型花园,就不出乎人们的意料了。空中花园不是建在空中的,却是建立在古代两河流域高度发达的文明基础之上的。

伊拉克巴格达楔形文字广场

004 你知道世界上最古老的法典是哪一部吗？

你知道"世界上迄今为止第一部较为完备的成文法典"是哪一部吗？它就是公元前18世纪古巴比伦王国国王汉谟拉比颁布的《汉谟拉比法典》。

考古发现

1901年，由法国人和伊朗人组成的一支考古队，在伊朗西南部一个名叫苏萨的古城旧址上进行发掘工作。一天，考古队员们发现了一块黑色玄武岩，几天以后又发现了另外两块，他们将三块拼合起来，恰好是一个椭圆形的石柱。石柱两米多

《汉谟拉比法典》石柱局部

高，它的上方刻着两个人的浮雕像：一个坐着，右手握着一根短棍；另一个站着，双手打拱。石柱的下部，刻着像箭头或钉头样的文字。经考证，这正是用楔形文字记录的法律条文——《汉谟拉比法典》。这部法典是人们研究古巴比伦的重要文物，也是古巴比伦艺术的代表。

曾经颠沛流离

古巴比伦大致位于当今的伊拉克，为什么它的法典石柱会在伊朗被发现呢？公元前1163年，埃兰人攻占了巴比伦之后，便把石柱作为战利品搬回到了他们的首都苏萨（今伊朗迪兹富勒西南）。后来埃兰王国被波斯灭亡，公元前6世纪，波斯帝国国王大流士上台，又把波斯帝国的首都定在了苏萨，这个石柱法典便又落到了波斯人手中。所以石柱后来在伊朗被发掘。

这部法典写了些什么？

大家熟悉的"以眼还眼，以牙还牙"就出自该法典。除序言和结语外，该法典还包括诉讼手续、财产权、损害赔偿、租佃关系、债权债务、婚姻家庭、继承以及买卖奴隶等在内的282条条文。《汉谟拉比法典》是古巴比伦王国留给人类的宝贵文化遗产，表明人类社会的法制传统源远流长。

伊拉克巴格达西南的巴比伦古城遗址

005 你了解玄奥的古印度文明吗？

古印度文明是人类最古老的文明之一，它的地域范围包括今印度、巴基斯坦等国。它曾经创造了绚丽的文化，建立了严密的社会等级制度，还是世界三大宗教之一的佛教的诞生地。可以说古印度文明非常丰富、非常玄奥乃至神奇。

绚丽的古代文化

古代印度对人类文明做出了独创性的贡献。在文学方面，古印度人创作了不朽的史诗《摩诃婆罗多》和《罗摩衍那》；在哲学方面，古印度人创立了"因明学"，即相当于当代的逻辑学；在自然科学方面，古印度人最杰出的贡献是发明了世界通用的计数法，创造了包括"0"在内的10个数字符号，就是我们每天在使用的阿拉伯数字，通过阿拉伯人传播到了西方；在艺术方面，印度古老的舞蹈除了强调舞蹈的节奏感，还十分强调伴奏音乐必须悦耳动听。

森严的种姓制度

雅利安人进入印度后，印度逐渐形成种姓制度，这一制度将人分为四个等级，即婆罗门、刹帝利、吠舍、首陀罗。

第一等级婆罗门是祭司贵族，主要掌握神权，占卜祸福，垄断文化和报道农时季节，在社会中地位是最高的。

第二等级刹帝利是军事贵族，包括国王以下的各级官吏，掌握国家的除神权之外的一切权力。婆罗门和刹帝利这两个高级种姓，占有古代印度社会中的大部分财富，是社会中的统治阶级。

第三等级吠舍是古代印度社会中的普通劳动者，也就是雅利安人的中下阶层，从事农业、畜牧业和商业，他们必须向国家缴纳赋税。

第四等级首陀罗是指那些失去土地的自由民和被征服居民，从事农业、畜牧业、捕鱼业和手工业，需要为前三个等级的人群服务，实际上处于奴隶的地位。

种姓制度下的各等级世代相袭，而且上层种姓和下层种姓之间严禁通婚。种姓制度存在了几千年，当今，虽然印度已经废除了种姓制度，但种姓制度思想的残留依然影响着印度人。

佛教的创立

公元前6世纪，在古代印度还产生了佛教，后来佛教成为世界三大宗教之一。佛教的创始人乔达摩·悉达多是释迦族的王子，虽然贵为王子，生活优越无比，但是乔达摩看到了世界上太多的苦难和不幸，他的心灵受到极大震撼，感到人生皆苦，于是他离家出走，苦苦修行，下决心寻求解脱人生苦难的道路。最终他大彻大悟，创立佛教，开始弘扬佛法，教化众生，他教人们诚实，帮助穷困不幸的人们，宣扬"众生平等"。人们将他尊为"佛陀"。

印度佛教卡拉岩洞中的阿育王石柱

006 特洛伊是如何被发现的？

1998年，联合国教科文组织世界遗产委员会将特洛伊城遗址列入《世界遗产名录》。

特洛伊之战

据荷马史诗《伊利亚特》讲述，特洛伊王子帕里斯访问希腊，诱走王后海伦。希腊人因此远征特洛伊。但因特洛伊城池牢固，易守难攻，双方交战十年，依然相持不下。希腊将领奥德修斯献计，把一批精兵埋伏在一匹大木马腹内，放在城外，佯作退兵。特洛伊人以为敌兵已撤，把木马作为战利品移到城内。夜间伏兵跳出，打开城门，于是希腊兵一拥而入，攻下特洛伊城。

特洛伊木马雕刻画

特洛伊的前世今生

德国人谢里曼坚信《荷马史诗》所述特洛伊战争的真实性，立志要发掘出埋藏的特洛伊古城。他经商致富后自费进行考古发掘，曾于1871—1882年三度发掘特洛伊古城（今土耳其希沙立克），获取大批古物珍品。其实特洛伊遗址共包含九个时代的古

特洛伊遗址

城，时间跨度为公元前3000年—公元400年，1-5层相当于青铜时代早期，6-7层属于青铜时代中晚期，8-9层属于铁器时代早期。谢里曼认为的"特洛伊古城"位于第二层，距今4200多年，出土了传说中的大量宝藏，规模只比村庄略大一点。但是特洛伊遗址的第二层，比《荷马史诗》里的特洛伊战争要早1000多年，即便出土的文物是真的，也根本不能证明这座遗址是《荷马史诗》里的特洛伊古城。遗址中真正与特洛伊战争时间接近的是第6层，这里出土了不少希腊式陶罐与迈锡尼式箭头，还有一枚刻有两个字的印章。但考古发掘证明第6层城池不是毁于战争，而是毁于地震。

《荷马史诗》中描述的特洛伊战争是不是就是发生在今天的特洛伊遗址呢？还有待于进一步考证。

007 陶片放逐法是一项怎样的法令？

在古希腊的雅典，陶片曾经被当作选票来使用。

陶片放逐法的背景——古希腊文明

古希腊文明是典型的工商业文明。由于希腊的气候不适合种植大多数农作物，只适合种葡萄和橄榄等，因此希腊人只能通过出口葡萄酒和橄榄油来换取粮食，所以他们利用自己得天独厚的地理条件进行商品贸易。

从公元前8世纪开始，希腊出现了城邦。城邦的特点是"小国寡民"，最小的城邦只有几百个公民（在当时，妇女、奴隶和外邦人都不是公民）。希腊城邦中有一个杰出的代表是雅典，雅典通过一系列的改革，建立了奴隶制民主政体。因为国家小、人数少，雅典实施的民主政治，是直接的民主制度，雅典人宣扬全体公民共同具有政治权利和义务，其中，最能体现公民权利的办法就是陶片放逐法。

被当作选票的陶片

陶片放逐法是古希腊雅典公民大会中的一种特殊投票法，约创于公元前6世纪末克利斯梯尼当政期间。每年初召开民众大会，公民将其认为可能危害民主政治的人的名字记于陶片上，谁得到的票逾半数（通常认为是6000票），则被放逐国外10年。期满可回国，或提前召之回国恢复其公民权。陶片放逐法是雅典公民实施国家权力的一种途径，从侧面反映了雅典公民是城邦的主人。

但后来这一办法常被政治派别用作互相争斗的手段。

不合理的一面

所有的事情都不是绝对的，虽然陶片放逐法充分体现了民意，体现了雅典民主制度的优越性，但是有些人有的时候可能会不太理性。雅典有位政治家叫阿里斯泰德，他就遇到了一件让自己欲哭无泪的事情。有一次在用陶片放逐法进行投票的时候，有位公民把他叫住了，委托他在陶片上写下"阿里斯泰德"的名字，并解释说自己不会写字。阿里斯泰德问他为什么要放逐这个政治家，这个人说："我不认识他，也不知道他有什么不好的地方，但是人人都说他是一个公正的人，这种论调我听烦了。"听到这样的解释，阿里斯泰德无可奈何，只能帮助他在陶片上写下了自己的名字。

如果你是阿里斯泰德，遇到这样的事情你会怎么做呢？

古希腊雅典城邦的帕特农神庙遗址

008 古希腊神话中的神是怎样的？

古希腊神话与希腊人的日常生活息息相关，希腊人所创造的艺术、文学、奥林匹亚竞技会等，都是围绕古希腊神话展开的。

走下神坛的神

古希腊的神和古代其他地方的大多数神不一样，他们很少成为人们获得帮助的依靠。古希腊人心目中的神与人是"同形同性"的，神与人的区别是神可以长生不老，拥有无边的法力。

宙斯雕像

古希腊诸神都有自己的性格，有着跟人一样的七情六欲。"众神之王"宙斯性格公正、固执，同时也很多情；天后赫拉作为婚姻和家庭的守护神，忠贞且充满温情，但她嫉妒心很强；海神波塞冬伟大而威严，但是他野心勃勃，时刻觊觎宙斯的宝座；爱神阿芙洛狄忒天生丽质，但是她工于心计……

此外，希腊神话中的诸神也有类似于人类家族族谱的神族谱。可以说古希腊神话就是当时现实社会的写照。它全面地反映了古希腊"荷马时代"的社会生活面貌。

海神波塞冬的雕像

神和英雄

古希腊神话中的神分为两种，一种是想象中的世间万物主宰者，另一种则是传说中的英雄。在古希腊人的观念里，人与神是可以产生爱情的。古希腊神话中经常描写人和神的邂逅，而神和人结合的后代便是古希腊的英雄。比如赫拉克勒斯是希腊神话中的大英雄，他是宙斯和凡人阿尔克墨涅的儿子，他带领人民征战四方，死后仍然受到世人敬仰。

在希腊神话中，诸神就是"大写的人"，神与人的关系是亲密无间的。古希腊人赞美神，其实就是赞美自己。所以希腊被称为"人神共治的国家"。

009 《荷马史诗》里写了什么？

约公元前 11 世纪—前 9 世纪，被称为"荷马时代"，得名于反映这个时代的《荷马史诗》，又因史诗中描述了诸多英雄故事，故又称"英雄时代"。古希腊盲诗人荷马创作了以大英雄阿基里斯和奥德修斯为中心人物的史诗《伊利亚特》和《奥德赛》，它们合称为《荷马史诗》。

谁是《荷马史诗》的作者？

关于荷马是否确有其人，他的生存年代、出生地点以及两部史诗的形成，争论很多，构成欧洲文学史上所谓的"荷马问题"。早在古希腊时代，著名历史学家希罗多德与修昔底德，哲学家柏拉图与亚里士多德，都认为荷马是两部史诗的作者。两部史诗是否都是同一位诗人的作品，近两百年来一直是西方学者们热烈争论的问题。有人认为两部史诗在内容描写上有些不同，似不是同一时代之人的作品，有人认为荷马只不过是希腊各族说唱艺人的总代表，而不是一个人。也有人认为两部史诗在文字风格上相同之处大于不同之处。现在多数西方学者认为，这两部史诗是荷马的作品，确有荷马其人。

荷马的半身雕像

《伊利亚特》和《奥德赛》

《伊利亚特》和《奥德赛》的内容折射出当时的社会背景。在那个战争频发的贵族社会中，荣誉、智慧、果敢、英雄行为，是人们所追求的。

《伊利亚特》描写了特洛伊战争中，在十年之久的围困行为即将结束前的一小段时期，一小伙古希腊的冒险家是如何攻陷特洛伊城的。这部作品集中描写了阿基里斯这个英雄人物的英雄举动。

学者们对荷马笔下伊萨卡的位置各执一词，图为希腊伊萨卡岛海滩一隅

《奥德赛》可能是西方文学中最著名的冒险故事，讲述特洛伊战争后，希腊英雄奥德修斯在海上漂流十年，经历种种艰险，终于回到故乡伊萨卡，与妻子团圆，并夺回自己财产的故事。《荷马史诗》是对希腊英雄时代的颂歌，里面的人物角色充当了后世行为的模范。

无法逾越的地位

《荷马史诗》是古代希腊从氏族社会向奴隶社会过渡时期的一部社会史和风俗史，它也表现了人文主义的思想，肯定了人的尊严、人的价值和人的力量。《荷马史诗》成为希腊文化教育的基础，对西方后来的诗歌产生了巨大的影响。

010 "古希腊三贤"都有谁？

在古希腊文化遗产中，哲学的成就是非常突出的，哲学家在古希腊社会上有着非常特殊的地位。苏格拉底、柏拉图、亚里士多德三位哲学家被并称为"古希腊三贤"。其中柏拉图是苏格拉底的弟子，亚里士多德是柏拉图的弟子，亚里士多德也有一个我们很熟悉的弟子，他就是赫赫有名的亚历山大大帝。

苏格拉底

苏格拉底有一句口头禅："我只知道一件事，就是'我一无所知'。"这并不只是表示他的谦虚，而是他辩论时惯用的一种方法。他从不简单地"告诉"人们什么是正确的，而是通过问别人问题让他自己来找答案。苏格拉底被尊为伦理学之父，他很善良也很和蔼，毕生都在追求以智慧认识善、美与正义。"三十僭主"执政期间（公元前404—前403年），他拒绝执行专制者要他杀人的命令。民主制恢复后，他被奴隶主民主派以传播异说、毒害青年等罪名逮捕，被判处死刑。在法庭上，他为自己作了动人而有力的辩护。在监狱里，他拒绝朋友们为他安排好的逃跑计划。他视死如归，临刑前还畅谈灵魂不死。

柏拉图

柏拉图继承了苏格拉底的唯心主义。他认为人应该少思考物质世界，多思考精神领域。柏拉图的代表作品是《理想国》，主张理想的国家应由哲学家担任统治者，理性应在其中占据绝对统治的地位。他认为当时斯巴达的贵族奴隶主政权比较接近于他的理

苏格拉底雕像　　　　柏拉图雕像　　　　亚里士多德雕像

想国。该书集中代表了他的政治理念和社会理想。

亚里士多德

亚里士多德除是古希腊哲学家外，还对自然哲学、科学分类有不少贡献，他是古希腊文化的集大成者。他一生中写下了几百卷著作，涉及哲学、政治学、历史学、心理学、生物学、修辞学等很多领域，可以说他是一个百科全书式的学者。

亚里士多德在哲学上，提出潜能与实现说，解释了世界的运动性和变化性。他的实体说是要确立起最基本的实在，它是属性的承载者、谓述的主词所表述者、变化中自身同一的不变者。他非常注重考证性的科学研究，并且培养出马其顿的亚历山大那样的学生。亚里士多德的逻辑学框架，至今仍被用于科学和哲学思维上。在很多重要的问题上，亚里士多德与他的老师柏拉图存在着分歧，他有一句名言非常值得我们深思："吾爱吾师，吾更爱真理。"

011 | 现代奥林匹克运动会的起源是什么？

奥林匹克运动会是全世界规模最大的运动会，也是世界各国交流展示的大舞台。你知道奥林匹克运动会的起源吗？

古希腊的奥林匹亚竞技

奥林匹克运动会起源于古希腊的奥林匹亚竞技会。

体育是希腊文化的一个重要的分支。第一次奥林匹亚竞技会是公元前776年在伯罗奔尼撒半岛西北部的奥林匹亚举行的，这是全希腊的体育运动大会，每四年举办一次。据说，奥林匹亚竞技会是为祭祀宙斯神而举办的，竞技期间，全希腊境内的所有战争都要休战。竞技会在不到100年的时间里就吸引了整个希腊的选手，并且逐步发展成为国际性的盛会。

早期该运动会最重要的比赛项目有赛跑、掷铁饼、赛马、角

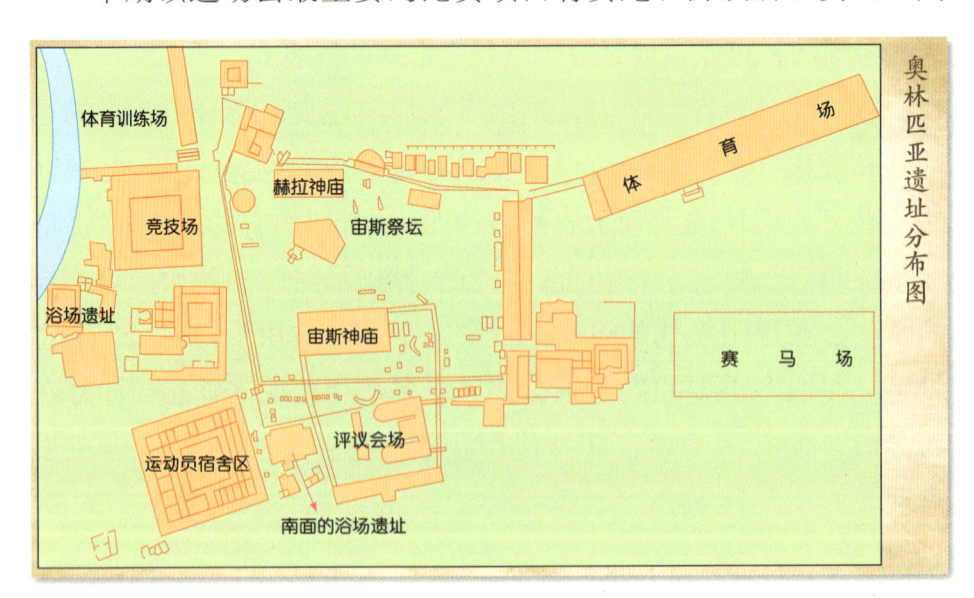

奥林匹亚遗址分布图

力等，后又增加戏剧、诗歌、音乐等表演。优胜者被奖以橄榄花环，在其本邦乃至希腊享有荣誉，当他们回到自己家乡时，会受到人民的热烈欢迎，诗人会为他们吟诗，雕塑家会把他们的塑像雕刻在城墙上。

希腊奥林匹亚遗址

现代奥林匹克运动会

随着近代体育的兴起，希腊人民希望恢复古代竞技会。1859年，雅典举办了第一届泛希腊奥林匹克运动会。19世纪末，法国人顾拜旦提出了举办现代奥林匹克运动会的倡议。1896年，希腊举行了第一届现代奥林匹克运动会。现代奥林匹克运动会沿用了"奥林匹克运动会"这个名称，继承了每四年一个周期的传统，借用和发展了古代奥运会的一些仪式，也吸收和发展了古代奥运会的一些思想。

奥运项目小知识

公元前490年，希腊人在马拉松平原同波斯军队作战获胜，士兵菲迪皮次从马拉松不停顿地跑到雅典（全程约40千米）报捷后力竭而亡。为纪念这一历史事迹，1896年第一届奥运会上举行了从马拉松到雅典的赛跑，定名为"马拉松赛跑"。自1924年第八届奥运会起，马拉松赛跑距离确定为42.195千米。

012 为什么雪莱说"我们都是希腊人"？

英国诗人雪莱说："我们都是希腊人，我们的法律、文学、宗教和艺术之根都在希腊……"希腊文明是西方文明的摇篮，它在很多领域都对后世产生了深远的影响。

字母

古希腊人吸收了腓尼基字母的长处，创造出自己的拼音文字体系和大量的词汇，对后来拉丁字母的出现有极大影响，而现代西方文字中很多词汇便出自这两种语言，比如英语中的经济、哲学等词。所以也有人说古希腊文和拉丁文是西方字母文字的"祖先"。

近代西方思想家的思想来源

14世纪之前，大多数欧洲人被传统教条控制，很少有人知道曾经辉煌灿烂的古希腊文明。在14、15世纪，新兴的资产阶级为了反对中世纪的禁欲主义和宗教观，摆脱教会对于人们思想的束缚，打倒作为神学和经院哲学基础的一切权威和传统教条，他们以复兴古希腊、罗马文化为标榜，提出了自身的利益和要求。尘封多年的古希腊文明的许多成果终于再次进入人们的视野，后来成为近代西方思想家们的主要思想来源之一。

无处不在的影响

今天，古希腊文化对现代西方世界的影响随处可见：从政治

珀西·比希·雪莱画像

角度看，希腊的奴隶制民主是西方民主的主要源头；从哲学角度看，柏拉图等人提出的论点在今天仍然被哲学界津津乐道；从文学的角度看，西方悲剧、喜剧、诗歌等文学形式都受希腊文学的影响；从艺术和建筑的角度看，希腊的艺术和建筑，一直是西方艺术创作的重要参照。

另外，古希腊人还琢磨出了其他地区少见的娱乐形式，像我们熟知的奥林匹亚竞技会是把赛跑、掷铁饼、赛马、角力等比赛熔为一炉的赛事，当时所有的古希腊公民都可以来参加，这就是现代奥林匹克运动会的前身。

可以说古希腊对现代西方的影响是无处不在的，因此雪莱发出那样的感慨也不足为奇了。

013 "不是一天建成"的罗马，是如何崛起的？

罗马从意大利半岛的一个小城邦，逐步发展到罗马共和国，并最终形成罗马帝国，成为希腊文明的继承者和西方古典文明的开拓者。它是如何一步步崛起壮大的呢？

罗马城徽中的故事

母狼乳婴雕塑是罗马城徽。传说，国王努弥托尔的王位被他的弟弟阿穆利乌斯篡夺，他的女儿西尔维娅与战神马尔斯结合，生下孪生兄弟。阿穆利乌斯为了斩草除根，把这两个孪生婴儿抛入台伯河，一只母狼救了小哥俩并用乳汁哺养他们，后来小哥俩被一位猎人养育成人，并取名罗慕路斯和勒穆斯。两兄弟长大后推翻了阿穆利乌斯的统治，恢复了王位，在母狼发现并哺育他们的地方建立了新城。后来，新城被命名为"罗马"。

罗马的母狼乳婴雕塑

罗马城邦和罗马共和国

按照罗马历史的传统说法,"罗马"建城发生在公元前753年。实际上从公元前1000年左右,罗马城邦就开始兴起了。

古代罗马扩张示意图

公元前509年,罗马建立了共和国,罗马人用执政官取代了终身制的国王。执政官任期一年,退休后便进入元老院,元老院是罗马的决策中枢,而公民大会是形式上的最高权力机关。罗马的军队战斗力很强,他们东征西讨,所向披靡,罗马很快发展成为一个地跨三大洲的超级帝国。

罗马帝国

在如此庞大的一个国家里,雅典那样的直接民主实行不下去了。公元前27年,屋大维首创"元首制",掌握了最高统治实权。罗马共和国演变为罗马帝国。屋大维开始着手把罗马建成为一座美丽的城市,用大理石取代了砖头来建造建筑物,罗马城成为与东方长安城齐名的世界性城市。395年,罗马帝国正式分裂为东罗马帝国和西罗马帝国,西罗马帝国在476年被日耳曼人所灭亡,东罗马帝国一直存在到了1453年,它还有一个名字,叫拜占庭帝国。

历史百问百答·世界篇

014 古罗马的角斗士是怎样练成的？

斯巴达克被马克思誉为"古代无产阶级的真正代表"，他领导了古罗马规模最大的一次奴隶起义，在起义之前，斯巴达克的身份是一名角斗士奴隶。

角斗士存在的背景

古罗马最初只是一个奴隶制的小城邦，为了扩充自身的实力，它不断进行侵略扩张，先后征服了生活在意大利半岛上的土著居民和希腊城邦，后来又征服了东地中海地区。在罗马扩张的过程中，大量被征服地区的人被掠为奴隶。奴隶没有任何人身自由，必须终身无偿为奴隶主干活，成为罗马的主要生产者。罗马境内到处都有大规模使用奴隶劳动的大庄园，奴隶被称为"会说话的工具"。奴隶主为了取乐，还建造巨大的角斗场，强迫奴隶成对角斗，相互拼杀。

罗马大角斗场

角斗士的衍生

长期在战场上纵横驰骋的古罗马人特别崇尚武力,即使在不出战的情况下,罗马人也会组织各种角斗进行比拼。随着奴隶制的兴盛,没有任何人权的奴隶也渐渐被迫加入角斗当中。

罗马为了选拔和培养角斗士还设立了专门的"学校",在"学校"里角斗士们要进行非常严苛的训练,并不是所有的学员都能够成为合格的角斗士,一般情况下十名奴隶中只有三四个可以被选拔出来。你会为其余的人感到庆幸吗?错了,其余的人有的已经在训练中不幸丧命,侥幸活下来的会成为更为低贱的奴隶。

最初训练出来的角斗士大多数都归私人所有,后来古罗马统治阶级害怕他们势力壮大会威胁到国家安全,开始接管角斗士,自此角斗士就归属统治者管辖了。

角斗士的起义

斯巴达克本是希腊东北的色雷斯人,在一次反罗马的战斗中被俘,沦为奴隶。因为他头脑聪明,体格健壮,勇毅过人,还具备一定的军事素养,于是他被卖到卡普亚角斗士学校当了角斗士。斯巴达克和其他角斗士不甘心以自己的生死为代价供罗马人取乐,于公元前73年在加普亚(今那波利附近)密谋起义,队伍迅速发展,声势浩大,连败罗马官军。元老院宣布国家进入紧急状态,授军事家克拉苏以独裁官的权力,令其倾全力镇压起义。斯巴达克转战至半岛南端(墨西拿海峡),预计乘基利基海盗船渡海赴西西里。但海盗没有信守承诺提供船只。公元前71年,双方在阿普利亚境内发生决战,在罗马军队的疯狂围攻下,6万名起义者战死,斯巴达克也壮烈牺牲。斯巴达克起义冲击了奴隶制,沉重打击了罗马奴隶主的统治,加速了罗马共和国的灭亡。

015 罗马帝国的元首制是怎么来的？

罗马帝国实行的元首制就是君主制吗？

推翻了国王统治

按照罗马历史的传统说法，从公元前753年罗慕路斯建城，到公元前510年最后一位国王被推翻，先后有七位国王统治罗马，这个时期被称为"王政时代"。王政时代最后一位国王叫小塔克文，相传他是一个暴君。他的残暴统治致使贵族联合平民一举推翻了他的统治。之后，罗马建立了共和国。

执政官和独裁官

在共和体制下，罗马人用执政官取代了终身制的国王，执政官的权力很大，可以指挥军队、解释和执行法律、主持宗教活动。执政官会实行独裁吗？为了防止执政官独裁，罗马设立了两名执政官，任期只有一年，两名执政官权力一样大，都享有一票否决权。但是，两名执政官互相牵制，这导致紧急的事情无法快速地做出决策。因此，就出现了独裁官。在布匿战争期

关于凯撒被刺杀的场景绘画作品

间，独裁官起了很大作用。但是独裁官不是永久的，一般情况下任期不得超过6个月，危机结束后就得卸任。

公元前44年，凯撒被推举为终身独裁官，大权独揽，虽然他始终不敢自称皇帝，但其独裁统治及其改革措施还是触动了元老院贵族的利益，最终他被刺杀身亡。

元首制

凯撒死后，罗马内战不断，最终凯撒的继任者屋大维夺取了最高权力。由于共和制度的影响和维护共和传统的势力仍然存在，屋大维不直接称帝，而是采用"元首"称号实行个人的军事独裁，建立了元首制的统治形式。公元前29年，屋大维获得"元首"称号，公元前27年元老院授予他"奥古斯都"（意为至圣至尊）的称号。屋大维建立的元首制是披着共和外衣的帝制，实质上是隐蔽的专制君主制。史学家一般认为屋大维就是罗马帝国的第一位皇帝，并且把之后的罗马称为罗马帝国。罗马的元首是终身执政的，权力非常大，但是他名义上仍然是选举产生的首席公民，不能像中国古代的皇帝那样世袭。前一任元首提名后一任元首，然后交给元老院批准。

公元3世纪，罗马帝国进入危机时期，军人出身的戴克里先成为罗马元首，为了挽救危机，他公开实行东方式的君主专制统治，成为罗马帝国第一位名副其实的皇帝。从此之后，罗马的元首制度退出了历史的舞台。

奥古斯都雕像

016

为什么说"条条大路通罗马"？

两千多年前，在罗马帝国鼎盛时期，罗马是世界上为数不多的人口过百万的古老城市之一。从边疆行省到帝国的心脏，条条大道直通罗马。当年的巴黎、维也纳、伦敦、科隆只不过是罗马的边塞小镇。

帝国的大道

1世纪到2世纪之交，罗马帝国国势和人口达到高峰，为了加强首都与各地之间的联系，罗马人修建了以罗马为中心，通向四面八方的大道。这些道路是一层层铺好的，最大的石头被放在最下面做地基，稍小的一些石头铺在大石头上，大块、平整的石板放在最上面。据史料记载，罗马人共筑硬面公路8万千米，通向帝国的各个区域。据说，当时从意大利半岛乃至欧洲的任何一条大道开始旅行，只要不停地走，最终都能抵达罗马。罗马皇帝尤里安得意地说："条条大路通罗马。"这些道路非常坚固，其中许多道路一直保留到了现在，充分显示了罗马人注重实用的风格。

古罗马的高架引水渠遗址

下水道和引水渠

同样能够显示罗马人注重实用风格的，还有他们的城市建设，特别是下水道。我们知道，现代城市都有下水道，罗马人在2000多年前就已经知道建造下水道了。为了能够拥有干净的饮水，罗马人寻找一些远离城市的湖泊，并修建引水渠把水引到城市里来，如果水渠要经过河流或者山谷，人们还用架桥托举起引水渠，这就是我们现在看到的古罗马高架引水渠。为了防止废水污染环境，罗马人还修建了下水道系统把脏水引到城外，尽量避免引发疾病。这在当时是非常先进合理的。

古罗马的城市

除了古罗马的大道和水渠，古罗马城市庞贝（位于今意大利那波利西南部）也为我们了解古罗马社会生活和文化艺术提

庞贝古城和维苏威火山

供了珍贵的第一手资料。被联合国教科文组织定为世界文化和自然遗产的庞贝古城，是一座"天然的历史博物馆"。79年，维苏威火山大爆发，火山灰掩埋了庞贝。

今天，我们可以看到，古城呈不规则形状，城市的四周是城墙，东南西北各有一座城门。城里街道纵横交错，每条街道都非常整齐，而且路面修得非常规整，有很多重要的建筑有序地围绕在市政广场周围，像朱庇特神庙、阿波罗神庙、大会堂、浴场、商场，还有剧场、体育馆、斗兽场等。这样的城市规划放到今天来说也绝对不落伍。

从这些大道、水渠和庞贝古城上，你是否能感受到古罗马昔日的辉煌？

017 为什么说罗马大角斗场是古代建筑的奇迹？

1980年，罗马大角斗场被联合国教科文组织世界遗产委员会作为文化遗产列入《世界遗产名录》。

罗马建筑

罗马建筑继承了古希腊的建筑风格，在凸显地中海地区特色的同时，又在其基础上进一步发展。以对称、宏伟而闻名于世，是建筑艺术宝库中的一颗明珠。

罗马大角斗场

罗马大角斗场，又称哥罗塞姆（Colossum）、罗马竞技场、罗马斗兽场等，遗址位于意大利首都罗马市中心，威尼斯广场的南面。它是现存古罗马建筑中最卓越的代表，也是古罗马帝国国威的象征。其建筑形态起源于古希腊时期的剧场，希腊的剧场都傍山而建，呈半圆形，观众席就在山坡上层层升起。到了古罗马时期，随着建筑工艺的发展，剧场不再需要靠山而建，人们开始利用拱券结构把观众席架起，并将两个半圆形的剧场对接，

罗马大角斗场内部

形成圆形剧场。罗马大角斗场建于70—82年，其规模让人叹为观止：角斗场平面呈椭圆形，长径为188米，短径为156米；外墙高48.5米；中央是表演区，四周为看台，可容纳约5万观众；入场设计合理，一般不会出现拥堵混乱，许多大型体育场依然沿用这种入场设计。

罗马大角斗场外观

修建罗马大角斗场共使用了约10万立方米的石材和300吨铁条，它是世界上最伟大的建筑之一，也是罗马的象征，虽然经历了两千年的风霜，却屹立不倒。19世纪的英国诗人拜伦感叹道：只要哥罗塞姆不倒，罗马就不会倒，一旦哥罗塞姆倒下，整个世界都将崩溃。

血腥的角斗竞技

大角斗场是古罗马帝国供奴隶主、贵族和自由民观看斗兽或者奴隶角斗的地方。参加表演的角斗士要与另一名角斗士或一只野兽进行搏斗。角斗时，受伤的一方会走到场边面向观众，观众不满意的话，另一名角斗士就会过来继续和他拼杀；如果观众觉得他表现不错，就会对他网开一面，要求胜利者放过他。这种充满暴力和血腥味的角斗竞技，在当时非常受欢迎，政治家们经常举办角斗竞技来招揽大众。虽然这种嗜好让现代人难以接受，但大角斗场见证了古罗马的兴衰。

018 《十二铜表法》是一部什么样的法典？

德国著名法学家耶林格曾说过，古罗马曾三次征服世界，第一次以武力，第二次以宗教，第三次以法律，而第三次的征服是其中最为平和，最为持久的征服。

他所提到的罗马法，是古罗马奴隶制国家的法律的总称。目前留传下来最早的古罗马成文法典是《十二铜表法》（或叫《十二表法》）。

从习惯法到成文法

公元前5世纪时，罗马的法律还是习惯法，贵族政府按习惯法审理案件。习惯法的规范不清，而贵族法官常任意解释习惯法为贵族谋利益。

平民们认为这种现象非常不公平、不合理，就联合起来要求制定成文法。经过长期的斗争，贵族政府终于设置了法典编纂委员会，还借鉴了雅典的经验和做法，在公元前451年制定了法律十表，第二年又补充了二表，公布于罗马广场。因法律条文刻于十二块铜牌之上而得名《十二铜表法》（也有人说板子是着色木牌等，因此应叫《十二表法》）。

这部法律内容非常广泛，基本上是习惯法的汇编，虽然它依旧维护贵族奴隶主的利益，但它对奴隶主私有制、家长制、继承、债务、刑法、诉讼程序等方面都做了明确的规定，一定程度上限制了贵族对法律的曲解和滥用，保护了平民的利益。

通过《十二铜表法》的制定过程，我们可以看出它是平民与贵族斗争胜利的产物，一定程度上反映了平民在政治、经济、法律地位上的一些诉求。《十二铜表法》之后罗马法系的立法依然体现着这一特点，此后，每颁布一部成文法典，平民的政治、经济、法律地位便提高一步。

古罗马国家立法的纪念碑

《十二铜表法》体现出古代罗马人的法治精神，也体现了奴隶制国家的本质特点。罗马人很珍视《十二铜表法》，把它奉为经典，可以说它是罗马成文法的开端，对于中世纪和近代欧洲法学也产生了重要影响。

古罗马广场遗址，曾经是《十二铜表法》的公布地点

019 今天我们使用的公历是怎么来的？

我们使用的公历是现在国际上通用的历法，又称格列高利历，是一种阳历。

古埃及的太阳历

在公元前3000年，古埃及人就制定了太阳历。他们把一年一度的尼罗河泛滥日（大约在6月15日，古埃及历的7月19日）定为一年的开始，根据尼罗河河水的涨落和作物生长的规律，将一年分为泛滥、播种和收割3个季节，每个季节有4个月，每个月有30天。年末余下的5天被称为"闰日"，是一年中的节日，这样一年共有365天。

古埃及的太阳历对农业发展产生了积极影响。但是美中不足

埃及阿斯旺市的尼罗河风景

的是，埃及年比太阳年（地球绕太阳转一周）实际上少6个小时，这样一来每隔4年就会产生一天的误差。

代表古埃及人对太阳崇拜的方尖碑（图中最高者）

儒略历

公元前46年，罗马统治者儒略·凯撒聘请天文学家，借鉴埃及太阳历制定了新的历法，这就是著名的"儒略历"。历年平均长度为365.25天，平年为365天，4年1闰，闰年为366天；一年分12个月，大月（单月）31天，小月（双月）30天，只有2月平年29天，闰年30天。凯撒的继承人屋大维从2月减去一日加到8月上（8月的拉丁名即他的称号奥古斯都），使8月变成大月，又把9月、11月改为小月，10月、12月改为大月。

儒略历后来成为今天人们使用的公历的基础。

格列高利历

罗马教皇格列高利十三世组织科学工作者按哥白尼的日心说重新修订了儒略历，于1582年颁布"格列高利历"。在这部历法里，400年中有97个闰年（每年366日）及303个平年（每年365日），所以每年平均长365.2425日，与回归年长度的365.2422日十分接近。可以基本保证到公元5000年前误差不超过1天。

这部历法先在天主教国家使用，20世纪初为全世界普遍采用，所以又叫公历。

020 为什么星期日不用工作？

星期日不用工作与基督教有关。《圣经》中记载，耶稣是在星期日这天复活的，所以基督教的礼拜活动一般在星期日进行，星期日因而也被称为"礼拜日"。

历史背景

基督教与佛教、伊斯兰教并称为世界三大宗教。1世纪的时候，基督教诞生在罗马帝国统治下的巴勒斯坦地区。

后来基督教逐渐从巴勒斯坦地区传向罗马帝国其他地区。4世纪的时候，罗马皇帝将基督教定为罗马帝国的国教，促进了基督教的传播。很多的西方节日都跟基督教有关，比如圣诞节、复活节等。

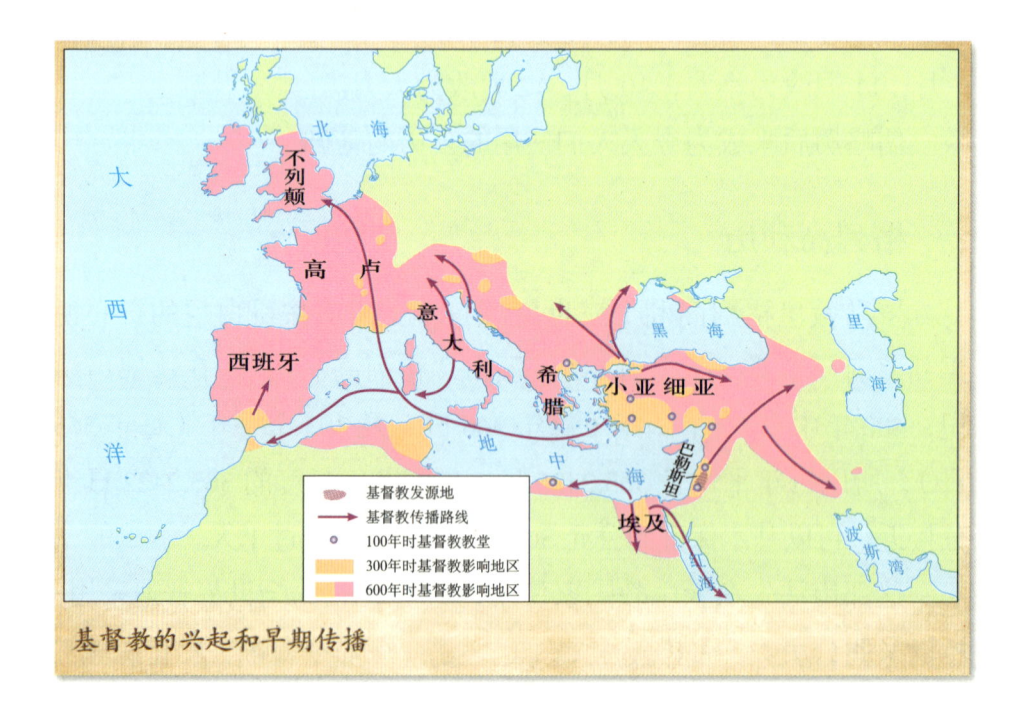

基督教的兴起和早期传播

礼拜日

君士坦丁一世在313年曾与李锡尼共同颁布《米兰敕令》，承认基督教的合法地位，于325年召开尼西亚会议，自此基督教成为罗马帝国的统治工具。在337年去世前不久，君士坦丁一世接受了洗礼，成为第一个正式皈依基督教的罗马皇帝。

321年，君士坦丁一世发布了礼拜日停工的命令，并规定城市居民在礼拜日不得照常工作，必须到教堂做礼拜。

教堂是基督教举行礼拜和重要宗教仪式的场所。4世纪初基督教成为罗马帝国国教后，罗马始建教堂。最初的教堂多由神庙、宽敞的建筑物、宫殿等改建或仿照宫殿式样建造。此后，教堂的建筑样式多种多样，比如罗马式、哥特式、文艺复兴古典式……世界上有很多著名的教堂，比如英国伦敦的圣保罗大教堂、梵蒂冈的圣彼得大教堂、法国的巴黎圣母院、意大利的米兰大教堂等。

后来，原本到教堂礼拜的"礼拜日"，被世界各国广泛采用，成为公众假日。

梵蒂冈圣彼得大教堂

021 "我的附庸的附庸不是我的附庸"是什么意思？

你听说过"我的附庸的附庸不是我的附庸"吗？这句话听起来有些拗口，却是中世纪封君与封臣关系的基本原则。

查理·马特改革

8世纪上半叶，法兰克王国墨洛温王朝宫相查理·马特，对土地分配形式进行了改革，即国王赏赐亲信、贵族和有功臣属的土地，连同居住在土地上的农民一起赏给承受人。承受人必须宣誓效忠君主，在战争时提供经过训练和有装备的兵员，并承担其他徭役的征发；如不履行这些义务，君主可收回土地。国王把一部分土地分给大封建主，国王就成为封君，大封建主就成为封臣；大封建主再把一些土地分给一些小封建主，大封建主又成为小封建主的封君，小封建主则成为大封建主的封臣。国王和封建主们还会分封骑士，作为自己的武装力量。这样的分封方式，构成了西欧封建社会的等级基础，加强了中央权力，为日后法兰克王国加洛林王朝的强盛创造了条件，也为西欧骑士制度奠定了基础。

查理·马特白金像

责任和义务

作为封臣，必须"效忠"封君，不能做危害封君的事；还要履行重要的义务，包括为封君服军役、向他提供协助金和物资；还应"劝告"封君，出席封君召集的会议，提出意见来帮助封君。封君对封臣也有"保护"和"维护"的义务，不得伤害后者的荣誉、财产和生命。

土地进行分封以后，封建主往往同时拥有土地所有权和政治统治权。封建主对其封地以内和附近的居民有许多行政司法权力。大领主与小领主在契约的基础上结成宗主与附庸的关系。国王作为形式上的一国君主，实际上是一个大领主，其统治权仅限于自己的领地。封臣只对他直接的封君负责，从谁的手里拿到土地，就跟着谁去打仗，至于他的封君的封君，他对其没有义务。国王也不得不遵循"我的附庸的附庸不是我的附庸"的原则。

臣服礼

到11世纪时，西欧封建主之间已经普遍结成封君封臣关系，也随之有了更规范的缔结关系仪式，即行臣服礼和宣誓效忠。行礼时，封臣要脱帽、下跪、解下所佩武器，把双手放在封君合拢的手掌中，说："阁下，我是您的人了。"接下来，封臣宣誓效忠，说"从现在起，我将像一个封臣对封君那样真诚无欺地效忠于您"等话。封君会将封臣拉起，宣誓保护封臣等。

颁授封土要举行册封仪式，一般在行完臣服礼之后举行，封君或手执封土的象征物（指环、宝剑、权节等），或将麦秆、泥土作为象征物授予封臣。封臣死后，其子继承领土，须重新向封君行臣服礼。

你知道扑克牌里"老K"的原型都是谁吗?

黑桃 K:大卫王

大卫王(公元前11—前10世纪)是古代以色列-犹太王国国王。据《圣经》记载,大卫统一了犹太各部落,建立了王国,定都耶路撒冷。少年时的大卫曾杀死入侵的非利士勇士哥利亚,在位时又多次打败强邻,受到民众爱戴。

梅花 K:亚历山大大帝

亚历山大大帝(公元前356—前323年),是古代马其顿国王,亚里士多德的弟子。即位后,他镇压希腊各城邦的反马其顿运动,大举东征。公元前334年,他率军进攻波斯帝国,次年败波斯王大流士三世于伊苏城,很快灭亡了波斯帝国。然后他转战中亚,南征印度,建立起一个西起希腊,东至印度河流域,北抵中亚,南达埃及,地跨亚、非、欧三大洲的大帝国,这个帝国被称为亚历山大帝国,亚历山大本人也被称为"亚历山大大帝"。

骑在战马上的亚历山大

亚历山大东征示意图

方块 K：凯撒大帝

凯撒大帝（公元前 102 或前 100—前 44 年），是古罗马统帅、政治家。他历任罗马的财务官、市政官、祭司长、大法官、执政官、监察官、独裁官等。公元前 49 年，他率军占领罗马，独揽大权，对内推动了一系列的改革。凯撒是罗马帝国的奠基者，一些历史学家视他为罗马帝国的无冕之皇，所以他也有"凯撒大帝"之称。

红桃 K：查理大帝

查理大帝（约 742—814 年），法兰克王国国王。他在位期间，不仅征服了大半个欧洲，而且被罗马教皇加冕为"罗马人的皇帝"。因为他四处征伐，法兰克王国的版图一度与原来西罗马帝国欧洲部分基本相当，是当时西欧最大的王国，因此他统治时期的法兰克王国被称为"查理曼帝国"。

023 骑士是怎么生活的？

中世纪西欧封建社会，曾盛行骑士文学，这些作品往往充满了令人神往的浪漫色彩，不禁让人产生想象：那些骑士过着贵族生活，来去自如、行侠仗义……骑士的生活真的是这样的吗？

骑士的产生

在中世纪的西欧，封建主阶级是享有特权的贵族阶级。骑士最初指骑马作战的战士，一般用来称呼最低级的小封建主。骑马作战成为封建主阶级的特权，农民等其他等级的人被排除在骑士之外，因而"骑士"也成为贵族阶级的独有称号。

自11世纪起，西欧各地相继确立了维护封建等级关系与特权的骑士制度。12—13世纪，西欧各地确立了只有骑士之子才能成为骑士的原则，封建贵族发展为闭锁的特权集团。骑士一般不与其他等级通婚，并视农、工、商为贱业。

骑士属于贵族阶级的最低层，一般情况下只拥有一小块封地（庄园），可以说他们是专职的军人，自备武器和马匹为自己效忠的领主作战。骑士称号来自领主的加封，但由于长子继承制，贫穷的小贵族没有生活保障，他们只好冒险"闯江湖"，把自己打造成骑士，进而参与战斗获得土地。

14世纪末叶起，由于火炮和射击武器的应用，骑士不再是主要的军事力量，他们的地位逐渐下降。到了16世纪，骑士变为可由君主随意授予的荣誉头衔。

骑士是怎么"炼成的"

骑士的儿子从小开始要经过十几年的艰苦训练。他们不仅要从小学习各种礼仪，还要学习"骑士七技"：骑马、游泳、投枪、击剑、狩猎、弈棋和吟诗。在经过家庭教育、礼文教育和侍从教育等训练后，到了21岁，他们才能举行特定的仪式，由老骑士授予其武器，从而正式取得骑士称号。

法兰克王国加洛林王朝的骑士

封君封臣所奉行的一整套道德规范和培养后代的制度，与他们所处的生活环境和生活方式息息相关。在此情况下，骑士的品格是忠诚和勇敢，骑士作为封臣必须严守自己的效忠誓言，不背叛封君，竭力为他服务，甚至不惜付出生命。当然，这是理想化的品格，虽然现实中未必能够在骑士身上完美体现，但这却是维系封建制度所需要的，很受封建主的重视，成为骑士精神的核心。

一个男孩成为骑士后，他必须时刻保持对教会、国王和领主的尊敬和忠诚，积极地参与对外战斗。这一系列对一个骑士的理想化的要求，逐渐构成了含义日渐丰富的骑士精神。

骑士精神

骑士精神融合了中世纪贵族化的气度，各种美德，以及对女士的尊重。理想中的骑士要雄姿英发，要绝对忠诚，还要慷慨宽容。就像史诗中的英雄一样，他行侠仗义，保护老弱妇孺、不屈不挠地对抗不平与邪恶。后来，骑士制度虽然终结，但在剥离了战争和宗教色彩后，留下了以正义、忠诚、荣誉、谦恭、豪侠、尊重女性等为核心内容的骑士精神。

024 城堡只存在于童话里吗？

在很多童话故事里，王子和公主生活在美丽的城堡里，过着幸福的生活。其实，城堡并不只存在于童话中，在城堡中生活的，也不仅仅是王子和公主。在大约10世纪末11世纪初时，欧洲几乎各地都有城堡。

为什么要修建城堡

中世纪的欧洲出现了许多大大小小的领主，他们大都会在自己的土地上修建城堡。

对于领主们来说，城堡不只是他们居住的家，还得是一座牢不可破的防御工事。当时，领主们之间矛盾重重，经常会为了争夺土地而打仗，所以领主们会把城堡修建得十分坚固，有些城堡建在比较险要的地形上，易守难攻。城堡里有很多房间，有的用来住人，有的用来养牲畜，还有的用来当作厨房和储藏粮食的仓库。有的城堡里，甚至建造了教堂或者小礼拜堂。可以说城堡像是一座有围墙的城镇。

英国诺森伯兰郡的阿尼克城堡

城堡的演变

中世纪欧洲城堡里的生活并没有我们想象中的那样美好。9世纪之前的城堡大多是"土堤-堡场"式城堡，围墙用黏土夯成，坚固程度不够且容易被烧毁，防御功能不够强。到了11世纪，石头城堡应运而生，城堡大多用厚重的石头建造而成，但当时的大多数城堡连窗户都没有（只有一些通风孔），闭塞阴暗，并不适合居住。直到后来，哥特式城堡采用了高大的玻璃镶嵌窗，城堡中的居住环境才得到大大改善。13世纪后期，城堡的军事功能降低，居住的舒适性越来越受到重视。再到后来，贵族们逐渐产生对纯粹居住宅邸的需求，追求更舒适和雅致的城堡生活，城堡才被建造得更加富丽。

城堡之外

庄园，是城堡领主们的领地和骑士们的采邑。在中世纪的西欧，庄园、城堡、骑士三者相互依托，紧密联系，构成别具一格的文化特征。

西欧庄园制度于8世纪末建立，并盛行于11—15世纪。庄园是中世纪西欧封建制度的基础。这些庄园是一个个独立的、自给自足的经济和政治单位，还具有司法权，设有庄园法庭。

庄园的居民都是领主的佃户，包括自由的农民和缺少自由的农奴。

佃户们的生活苦不堪言，特别是农奴，每天辛勤劳动，却食不果腹，衣不蔽体，他们的居住环境也十分恶劣。如果他们忍无可忍了，就会逃离领主的庄园。当时有这样的规定，如果一个农奴逃离了庄园，只要逃往城市，就有机会成为自由人。但是，一旦他不幸被抓住了，就要遭受十分严酷的惩罚，譬如鞭打、烙烫。领主们除了不能杀死和贩卖农奴，可以任意惩罚自己的农奴。

025 为什么说"城市的空气使人自由"?

在中世纪的欧洲流传着这样一句谚语:"城市的空气使人自由。"这句话是说农奴在自由城市里居住一定时间后,能够获得自由。

城市的兴起与自治

西罗马帝国灭亡以后,西欧经济衰落,罗马时代的很多城市变为废墟。从10世纪开始,西欧经济开始恢复,一些旧的城市逐渐复苏,还产生了一些新的城市。新兴城市主要集中在道路交会处、港口、海湾等交通便利,能吸引人们聚集的地方。西欧中世纪的

保留着中世纪建筑的巴黎市区

城市在初建时，并不是政治和文化中心，而是商业和手工业中心。通常它们规模都不大，居民一般几千人，像大家熟悉的英国伦敦、法国巴黎、意大利威尼斯等城市，在13世纪的时候，人口也不过四五万。

这些城市坐落在封建领主的领地上，有些领主要求居民交纳实物和货币，服劳役或军役，还要缴纳各种苛捐杂税。这引起了人们的严重不满，随着居民们越来越有钱，他们开始有底气联合起来采取各种形式反抗，争取城市的自由和自治。常用的手段有两种，一种是金钱赎买，一种是武装斗争。人们斗争的目的不是想当领主，而是从领主手中取得自治权。斗争一旦成功了，这些城市就是自由城市。

自由的形式

城市取得自由和自治权的方法，是从国王或者领主手里取得"特许状"。国王给在封建领地上的城市颁发"特许状"，既削弱了领主的实力，又获得了城市的支持，可谓是一举两得的事情。12世纪以后，越来越多的城市取得了自治权，后来，市民把保护费交给国王，国王手里的钱财就越来越多。

国王希望强化自己的王权，弱化领主们的势力，城市里的商人希望得到王权的保护，取消林立的关卡，所以他们有了共同的敌人，一拍即合，开始走向联合。这对政治产生了巨大影响，有些国家王权不断强化，后来又发展成中央集权的国家。

西欧中世纪城市形成了一种习惯：农奴逃进城，住满一年零一天，就可取得自由人的身份，原来的领主也不能迫使他回到农奴的地位。这对在庄园里当牛做马的农奴非常具有吸引力，于是越来越多的农奴逃离庄园，进入城市，促进了城市的发展。

026 西欧早期的大学是怎样的？

你知道西欧有哪些历史悠久的大学吗？

中世纪教育"最美好的花朵"

11世纪后，随着西欧城市的兴起、手工业和商业的发展以及反对领主斗争，社会上迫切需要很多能写会算、具有各方面知识的人才，而原有的僧院学校已经远远不能满足社会发展的需要了，于是这一时期城市学校普遍兴起，提高了城市文化教育水平。此后，许多希腊、罗马的古典著作开始在西欧传播，阿拉伯文化也不断传入西欧。12世纪，西欧的学术与教育出现了新的气象，大学的兴起被认为是欧洲中世纪教育"最美好的花朵"。

很多我们熟悉的大学，就是在这一时期发展起来的。英国的牛津和剑桥大学，法国的巴黎大学，奥地利的维也纳大学，西班牙的萨拉曼卡大学成为各自国家的荣耀；威尼斯的帕多瓦大学和佛罗伦萨大学则是城市的骄傲所在；海德堡大学、科隆大学是领地发达的象征；而布拉格大学、哥本哈根大学、乌普萨拉大学则寄托了民族自强的希望。这些大学的建筑也很辉煌，规模也在急剧增大，有力推动了科学、文化的发展。

大学自治

中世纪大学源于教师行会和学生行会。大学在发展过程中也像自由城市一样，获得了自由和自治的特许权，比如在13世纪，巴黎教师行会取得了罗马教皇和国王的支持，其自治权利得到保障。大学的自治地位主要体现在有免赋税特权、司法特权、教育自主权。

牛津大学校园一隅

课程设置

中世纪欧洲大学包括文法、修辞、逻辑、算数、几何、天文和音乐。而法学、医学和神学是专业课程。

这些课程都具体教些什么呢？以1409年牛津大学的硕士必修基础课程为例，修辞课教授亚里士多德的修辞学、西塞罗的修辞学等；逻辑课教授学习亚里士多德的解释篇；几何课和天文课以欧几里得和托勒密的著作为教本。

这些课程的设置一定程度上受教会影响，也反映了当时经济和社会发展的要求。

027 你知道东罗马帝国皇帝查士丁尼吗？

查士丁尼，又称"查士丁尼大帝"或"查士丁尼一世。位于今天土耳其伊斯坦布尔市的圣索菲亚大教堂就是他命人修建的，中国的蚕是他派人带到欧洲的。他还有一项很重要的功绩，就是命人编纂了《查士丁尼法典》。

查士丁尼一世和他的官员

查士丁尼

483 年，查士丁尼出生。他的父亲是拜占庭帝国巴尔干半岛达尔达尼亚行省的一个农民。他的叔叔（一说舅父）查士丁一世靠军队发迹，爬上东罗马帝国统治者的宝座。查士丁一世对自幼跟随着自己的侄儿查士丁尼寄予了厚望，让他接受了良好的教育。后来，查士丁尼协助叔父掌理政务。527 年，他继承了叔父的权位，正式成为东罗马帝国的皇帝。

查士丁尼对内政策的核心是巩固奴隶主阶级的统治，对外政策则是以扩张领土为基本点。查士丁尼在位期间，不断对外开疆拓土，使得帝国的版图继续扩大，地中海几乎再度成为东罗马帝国的内海。

为了总结古罗马的统治经验，稳固帝国的社会秩序，保证皇帝的专制权力，他还组建了一个法典编纂委员会。委员会审订了

查士丁尼一世统治时期的拜占庭帝国形势图

2世纪初以来400多年里罗马历代元老院的决议和皇帝诏令，删除其中已失效和相互矛盾的部分，于529年编成《查士丁尼法典》。后来，委员会把历代法学家解释法律的论文汇总整理为《法学汇纂》，又编成指导学习法律文献的《法理概要》。查士丁尼还命人将534年以后颁布的法令于565年汇编成《新法典》。以上4部法律文献，统称为《罗马民法大全》。

《罗马民法大全》肯定皇帝的专制权力，把皇权视为至高无上的权力，同时也一定程度上改善了奴隶的地位，不再把奴隶当做"会说话的工具"。它是罗马法的集大成者，也是欧洲历史上第一部系统完备的法律文献。

现代资本主义法制的先声

《查士丁尼法典》标志着罗马法已发展到非常发达、非常完备的阶段，对以后欧洲各国的法学和法律的发展产生了很大的影响。

法典奠定了后世法学的基础，是法学研究者研究民法学不可或缺的重要文献资料之一。它还具备了资本主义发展初期所需要的现成法律形式，成为现代资本主义法制的先声。

028 拜占庭帝国为何存在千年之久？

330年，罗马帝国皇帝君士坦丁大帝迁都拜占庭（后改名"君士坦丁堡"）。395年，罗马帝国正式分裂为东、西两部分，原先的都城就成了东罗马帝国的都城，所以东罗马帝国又叫拜占庭帝国。476年，西罗马帝国灭亡。东罗马帝国继续存在，1453年被奥斯曼土耳其所灭亡。作为欧洲历史最悠久的君主制国家，拜占庭帝国存在了千年之久，其间有过辉煌的黄金时期，也有过内乱不止、外患不断的艰难时期。为什么拜占庭帝国能够在纷乱复杂局势中存在千年之久呢？

拜占庭帝国的年代划分

拜占庭帝国存在了千年之久，是因为史学家们的划分方式较为宽松，从狄奥多西王朝到利奥王朝，再到巴列奥略王朝，这期间还有一段20年的无政府时期。也就是说拜占庭帝国在这1000多年的时间里实际上经历过许多个王朝，虽然史学家们将这些王朝都归为拜占庭帝国，但事实上拜占庭帝国的权力一直在不同的人、不同的家族中流动，不变的只有首都拜占庭（君士坦丁堡）以及奥斯古都的称号。拜占庭帝国存在了千年之久，并不是指帝国的权力在某一家族中延续了千年，而是指拜占庭帝国主要的政治、行政等方面的政策或制度一直在延续。

拜占庭文化

拜占庭帝国地跨欧、亚、非三大洲，有着得天独厚的地理位置。

它对基督教、希腊罗马的古典文化，以及西亚、北非等地的东方文化兼收并蓄，创造出独具特色的拜占庭文化，在法学、文学、建筑、绘画等很多领域都成就斐然。12世纪时，意大利和拜占庭的交往是相当频繁和广泛的。君士坦丁堡经常举行学术讨论会，这些会议为拜占庭希腊文化向西方传播打开了方便之门。意大利商业共和国与拜占庭的贸易往来也十分密切，君士坦丁堡的城区居住着许多威尼斯、热那亚等地的居民，热衷希腊文化的意大利学者向西方大量传播希腊文化。东西方文化不断交流，为西欧的文艺复兴提供了丰富的精神营养。可以说拜占庭文化是连接古典（希腊、罗马）文化和近现代欧洲文化的桥梁，它在西方文化发展史上起了承上启下、继往开来的重要作用。

拜占庭式建筑代表之一——土耳其伊斯坦布尔的圣索菲亚大教堂

圣索菲亚大教堂内部

029 为什么称中世纪为"黑暗时代"？

有些史学家把欧洲历史划分为三个阶段：古典时期、中世纪和近现代。中世纪一般指的是从 476 年西罗马帝国灭亡至 1453 年拜占庭帝国灭亡这段历史时期（也有说法是 476 年到 15 世纪末大航海时代或 1640 年英国资产阶级革命为止）。

黑暗时代

"中世纪"这个词最早出现在文艺复兴时代，是意大利的人文主义者比昂多最早提出来的，将其视为一个"黑暗时代"则源于意大利人文主义之父彼特拉克。西方的思想家们认为，古希腊罗马时代的西方文明无比辉煌，近代西方文明也成就斐然，夹在古典时代和近现代之间的这段历史时期较为"黑暗"。这个时期的西欧在查理曼大帝去世之后，四分五裂，战乱频仍，教会禁锢着人们的思想，科技和生产都很落后，既无法跟古代相比，也无法与近现代相较。所以欧美普遍称这一时期为"黑暗时代"，也叫做"黑暗的中世纪"。国王之间、国王与教皇之间的斗争，也使这个时代更显"黑暗"。

国王间剑拔弩张

476 年，日耳曼人灭亡了西罗马帝国之后，在西罗马帝国的废墟上建立了一系列国家。当时的诸多国王和贵族经常联姻，很多国王之间都是亲戚关系，但是他们的关系也不是"铁板一块"，常常一言不合就剑拔弩张，战争和联姻都成为他们的家常便饭。

国王与教皇"打架"

中世纪，教权与皇权之间的斗争是西欧的重大事件。除了国王和贵族，还有一股重要的力量，那就是教会，教皇和国王之间展开了长期的、激烈的斗争，一度打得不可开交。11世纪的时候，神圣罗马帝国皇帝兼德意志国王亨利四世曾经宣布废黜教皇，而教皇格列高利七世采取了针锋相对的措施，不仅宣布废黜亨利四世国王的称号，还开除了他的教籍，并且解除了臣民对国王效忠的誓约。1077年1月亨利冒着风雪严寒，来到教皇驻地卡诺莎表示"悔罪"。据说亨利身着罪衣，立于城堡门口哀求三昼夜，始得教皇赦免。后来"卡诺莎之行"便成为屈辱投降的同义词。1084年亨利进占罗马，格列高利出走并客死他乡。之后的亨利四世和格列高利七世的继承者们依旧打来斗去，持续了好多年。12世纪到13世纪，教皇的权力在斗争中达到顶峰。教皇与英、法国王打交道，很少占上风，最终失去了对英、法教会的控制，并屈从于国王，这一结局宣告了国王终将压倒教皇、教会终将归属国家。

格列高利七世画像

030 大化改新效仿了唐朝哪些典章制度？

大化改新是日本古代一次重要的政治、经济改革。

大和统一日本

1—2世纪，日本出现了100多个小国。在5世纪的时候，本州中部兴起的大和政权逐渐统一了日本，建立大和国。大和国的最高统治者称为"大王"，大王依靠贵族统治全国。这一时期，朝鲜半岛和中国南朝的一些知识分子和工匠来到了日本，带来了先进的文化和技术，促进了大和国织布、冶金、制陶、建筑等行业的迅速发展。

大化改新

据《后汉书》记载，东汉时位于九州北部的倭奴国曾遣使来中国。6—9世纪，日本积极吸收中国文化，多次派遣隋使、遣唐使来中国学习。从646年开始，日本效仿唐朝的典章制度，进行了一系列的改革。因为当时的孝德天皇年号为大化，所以这场改革史称"大化改新"。改革在政治上，借鉴了唐朝的三省六部制和郡县制，建立起中央集权的国家，在地方设国、郡、里三级行政机构，由中央派官员治理。经济上，借鉴了唐朝的均田制和租庸调制，废除一切私地、私民，将土地、部民收归国有，成为公地、公民；国家将土地分给公民，每六年授田一次，这些土地不能终身使用，也不能买卖；统一赋税。在律令方面，日本效仿唐朝的《永嘉律令》编订了《大宝律令》。大化改新使日本发展成为一个

大化改新效仿了唐朝哪些典章制度？

河南洛阳的隋唐洛阳城应天门遗址，俗称"五凤楼"，是当时朝廷接见日本遣隋使、遣唐使之所

中央集权制的封建国家。大化改新后，大和正式改称日本国。

唐风洋溢奈良城

对中国文化的追求和模仿，将日本推入了一个经济和文化高度繁荣的时期。8世纪初，日本以中国唐王朝的都城长安为样板，在奈良建造了平城京。都城建制主要仿中国唐代长安城，平面呈长方形，南北约4800米，东西约5900米，宫城在北部居中；朱雀大路由北而南，将全城分为两半，东半称左京，西半称右京，左京之东又有外京；有东市和西市。全城由纵横交叉的大路划分成许多坊，城内也像长安一样街道整齐、布局严整。

031 为什么我们能看懂日本的很多路牌?

630—894年，正式受日本朝廷派遣而到达唐朝的遣唐使据说为13次。使团人员包括大使、副使、留学生、水手等，每次达数百人，其中著名的有吉备真备、阿倍仲麻吕等。日本遣使目的在于引进唐朝的典章制度和文化知识，是历史上中日人民友好交往的盛举。其中，汉字对日本的影响也十分深远。

唐风文化

日本在奈良时代到平安时代前期，不仅大量吸收唐朝文化，还刻意模仿唐朝文化，所以日本的文化中有着鲜明的唐朝文化元素。上至日本天皇的年号，下至黎民百姓的穿着打扮，民间的风俗习惯，都带有唐文化的烙印。

国风文化

平安时代，日本逐渐摆脱了对唐朝文化的简单模仿，唐风文化与日本传统文化相融合，形成具有日本特色的国风文化。国风文化的主要代表人物是一些公卿贵族，这一文化具有明显的城市性、贵族性和女性化的特征。

日本文字

相传4—5世纪汉字传入日本。日本奈良时代学者吉备真备，在唐留学17年，精通天文、儒学和兵法，有观点认为是他用汉字偏旁创造了日本民族的文字——片假名。后来，日本平安时代前期的名僧空海，利用汉字行书体创造日本行书假名——平假名。

片假名和平假名的简单笔画都是从汉字衍生出来的，用于不同的目的和不同的文体，无论片假名是从汉字偏旁还是楷书演化而来，它的意思都是"汉字的片段"，一般用于外来语词汇、电报、某些童书等，也常用于海报中。平假名在公元 1000 年后广为流行，多用于女性书写和歌、物语等。从此日本人逐渐脱离了汉字，假名文学也开始发达起来。11 世纪初，女作家紫氏部创作了一部叫《源氏物语》的长篇小说，该小说代表了当时女性文学的最高水平，也是古代日本物语文学最杰出的作品。

15 世纪，日本形成汉字和假名的混合文字，一直延续至今。由于假名是以汉字为基础进行的一定程度的创造，所以在日语中我们经常可以看到一些汉字。即使我们没有学过日语，在日本也能看懂部分路牌。

东京的一处路标

阿拉伯帝国是怎样兴起的？

7世纪初，阿拉伯人建立起横跨亚、非、欧三大洲的阿拉伯帝国，成为席卷丝路的"沙漠风暴"。

帝国的扩张

6世纪末至7世纪初，阿拉伯半岛的大部分区域正处于原始社会向阶级社会过渡的时期，各部落之间为争夺资源相互仇杀，氏族部落盛行多神崇拜。

7世纪初，穆罕默德创立了伊斯兰教。622年他率领信徒迁居麦地那，建立了穆斯林公社，公社内外事务都要听从穆罕默德的决定，阿拉伯国家的雏形由此诞生。

穆罕默德晚年统一阿拉伯半岛大部。第一任哈里发统治时期，

阿拉伯帝国示意图

整个半岛归于统一，随即阿拉伯人开始向外扩张，摧毁了波斯帝国，重创了拜占庭帝国，建立起一个横跨亚、非、欧三大洲的阿拉伯帝国。到了8世纪上半叶，阿拉伯大帝国最终形成，它的疆域远远超过了极盛时代的罗马帝国。伴随着帝国的扩张，伊斯兰教也迅速传播开来。

文化成就

阿拉伯帝国重视天文和数学，在巴格达、大马士革、开罗等地，设立了专门的天文学研究机构。阿拉伯的天文学者研究出了许多精密的天文仪器，如天球仪、地球仪、星盘仪、方位仪等，其中的许多仪器在欧洲一直被应用至16世纪。阿拉伯学者花剌子密制定的《天文表》是东西方各种天文表的蓝本，还有学者比较准确地确定了黄道、黄道斜度和四季的长短。阿拉伯人在天文学上的巨大成就，为世界天文学的发展做出了伟大贡献。阿拉伯数字是他们数学成就的一个缩影，阿拉伯人改进了古印度人从0到9的计数法，形成了我们现在使用的"阿拉伯数字"，并将其传入欧洲，阿拉伯人还创造了完整的代数学。阿拉伯人编撰了著名的医学著作《医学集成》和《医典》。此外，阿拉伯人在文学、艺术、历史、地理、哲学等方面，取得了很高的成就，建立了不可磨灭的功绩，他们的著作是世界文化宝库中重要的组成部分。

元幻方铁板，是我国数学领域最早应用阿拉伯数字的实物

033 《天方夜谭》是怎样的一本书？

《阿里巴巴和四十大盗》《阿拉丁神灯》等很多我们耳熟能详的故事都是出自《一千零一夜》，这部书也叫做《天方夜谭》。

《天方夜谭》

《天方夜谭》是一部阿拉伯民间故事集。这部书不仅语言优美，而且构思奇妙、情节曲折，是阿拉伯文学的瑰宝。这部故事集可不是一个人的著作，它是历代阿拉伯市井说书艺人集体智慧的结晶。它汇集了古代近东、中亚和其他地区各民族的神话传说、寓言故事。它的成书过程，可以说是一个对不同地区、不同民族的神话、传说、故事不断吸收和融汇的过程，其中很多重要的故事，都深深根植于阿拉伯社会生活的土壤，具有鲜明的阿拉伯色彩，焕发出经久不衰的魅力。阿拉伯之所以涌现出《天方夜谭》这样的鸿篇巨制，跟阿拉伯帝国重视文化教育是分不开的。

后世影响

《天方夜谭》里有童话、寓言、传奇和冒险故事，它将朴素的现实主义和浪漫主义相结合，歌颂了劳动人民的淳朴、善良、勤劳等高尚的品格，鞭笞了社会的黑暗和不公之处。《天方夜谭》在世界范围内产生了极大影响，尤其对欧洲文学的影响更为广泛，比如但丁的《神曲》、薄伽丘的《十日谈》、塞万提斯的《堂吉诃德》等，都受到了其创作方法的影响。而且其中的很多故事，深受世界各地小朋友们的喜爱。

东西方文化交流的使者

除了《天方夜谭》，阿拉伯人还成为东西方文化交流的伟大使者，为世界文化史的发展做出了卓越的贡献。除将阿拉伯数字介绍到欧洲，后来被全世界所用外，阿拉伯人还将中国的造纸术、指南针、火药等重大发明和印度的数学、稻米、棉花、食糖等传入欧洲。这丰富了欧洲各国人民的文化，改善了欧洲人民的日常生活，促进了欧洲社会的发展，阿拉伯人不愧是东西方文化交流的伟大使者。

19世纪有关《天方夜谭》故事的绘画

034 你知道玛雅文明吗？

玛雅人是中美洲印第安人，分布在今墨西哥合众国瓦哈卡州以南、危地马拉全境、萨尔瓦多和洪都拉斯西部的广阔地区。公元前3世纪玛雅人就有了象形文字，他们还有高度发达的农业、数学、天文学、历法和宗教礼仪，并建有大量庞大的石砌"金字塔"（神庙等建筑物）和其他建筑物。10世纪后玛雅文明开始衰落，16世纪时为西班牙殖民者所毁灭。

最早种植玉米的人

最早种植玉米的人便是玛雅人。公元前1500年前后，美洲就进入成熟的农耕社会了。但是，一直到15世纪末16世纪初的时候，这里的大部分地区仍然处于原始社会阶段，只有中部美洲和安第斯山中部地区建立了一些奴隶制国家，于是就产生了中部美洲和安第斯山两个文化圈的概念，它们是美洲古代文明发展的顶峰。

辉煌的成就

玛雅文明是美洲古代印第安文明的杰出代表，大约形成于公元前1500年。玛雅人在科学、农业、文化、艺术等很多领域都取得了辉煌的成就。他们在文字方面的成就在古代美洲独占鳌头；他们的建筑水平很高，能对坚固的石料进行雕镂加工；他们的雕刻、彩陶、壁画有很高的艺术价值。玛雅人使用两种历法，一种是卓尔金历，每月20天，每年13个月，一共260天；另一种历法是太阳历，每月也是 20 天，一共 18 个月，外加 5 个忌日，一共是 365 天，它的精确程度几乎可以和现代历法相媲美。

库库尔坎金字塔

库库尔坎金字塔是玛雅建筑的著名代表之一，它位于墨西哥尤卡坦半岛北部。整个塔身由巨石建造，顶端有一个祭神的神殿。它的设计数据具有天文学上的意义，它的底座呈正方形，四周环绕的台阶共 364 级，再加上塔顶的羽蛇神庙，共有 365 级，象征着一年中的 365 天；而四面的 52 个四角浮雕，表示玛雅的一世纪——52 年。台阶的两侧是宽达 1 米的边墙，北边墙下端，有一个带羽毛的大蛇头石刻，蛇头高 1.43 米，长 1.87 米，宽 1.07 米，蛇嘴里吐出一条大舌头，颇为独特。在每年春分和秋分两天的日落时分，北面一组台阶的边墙会在阳光照射下形成弯弯曲曲的七段等腰三角形，这些三角形连同底部雕刻的蛇头，宛若一条巨蛇从塔顶向大地游动，这个神秘景观被称为"光影蛇形"。

库库尔坎金字塔

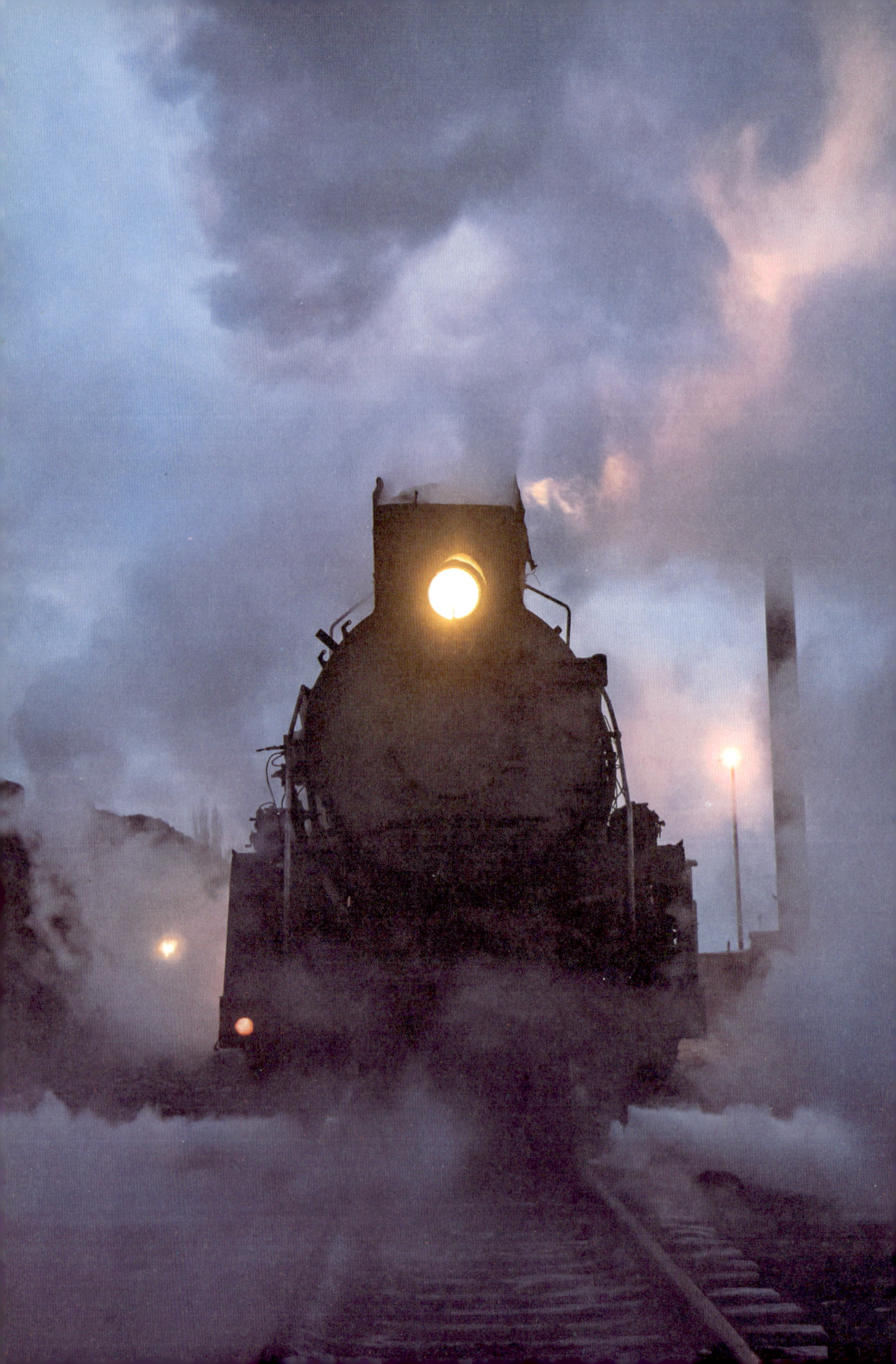

近代卷

约 1500 年—约 1900 年

035 西欧的租地农场和手工工场是怎样出现的？

中世纪晚期，欧洲社会处于转型时期，原来的君臣制度和庄园制度发生了很大的变化。

垦殖运动

11世纪，在西欧开展了一场大规模的垦殖运动。垦殖运动发生的原因除了欧洲人口大量增加，对粮食的需求不断增加，以及生产工具和耕作技术的不断进步外，一个更加重要的原因是，农民渴望摆脱庄园领主的束缚，希望获得真正的自由。新开垦的土地，与旧庄园距离并不遥远，但是新垦区与旧庄园彼此不相干。新垦

中世纪在犁地的英国人

区的居民几乎全部都是自由农民，无需依附谁，垦殖者成为新开发地区的主人。在这种情况下，原有的庄园变得更加没有了吸引力，这也迫使庄园主顺应形势，做出改变。

租地农场

14世纪中叶以后，越来越多的领主将土地整体出租，直接收取货币地租。承租土地的人很多就是原来庄园的管事或者富裕农民，他们对土地和周围的农民都很熟悉，有丰富的管理经验。当然他们没有足够的精力，来耕种这些土地，于是，他们便以提供农具、种子和付给工资的方式，雇佣无地或少地的农民进行耕种。双方完全是平等和自愿的。双方达成一种契约式的劳动合同，农民付出劳动，并按时领取报酬。这是一种新型的雇佣关系，是一种资本主义的生产关系。原来那些来自封建庄园的农奴更愿意接受这种关系，于是封建庄园制度逐渐被取代。16世纪末的英国贵族从他出租土地所得租金与同一块土地承租者用农场经营所得的收入比是1∶10。

手工工场

租地农场的出现，进一步推动了农业的发展，粮食产量不断增加。随着农产品的增多，手工业得到发展，手工业者逐渐脱离了农业生产。一批手工业者脱离了原来的庄园，来到城市或城市附近，靠自己的一技之长谋生，换取更自由、美好的生活。一些商人、原来的手工作坊主，看到其中的商机，将原来的小手工作坊，扩大规模，雇佣更多的手工工人，让他们分工协作，进行规模化生产，形成较大的手工工场。这些工场与原先的作坊相比，在技术和效率方面都有提高，而这些工场主与手工工人之间，也形成了雇佣与被雇佣的关系。这种分工协作、集中生产的大规模手工工场，就是资本主义工业化生产的前奏。

036 文艺复兴为什么会先在意大利产生？

西方有句谚语："光荣属于希腊，伟大属于罗马。"这说明，古希腊、古罗马，在西方文明史上占有非常重要的地位，取得过许多辉煌灿烂的成就。但是，自从罗马帝国衰亡后，古罗马的文化走向沉寂，在欧洲封建神学的笼罩下，它似乎被人们遗忘了。但是，15世纪，在意大利——罗马帝国的核心地带，古罗马的文化好像"又回来了"。古典文化又一次迎来了"复兴"。

意大利佛罗伦萨

资本主义萌芽的发源地

意大利位于地中海，处于欧洲贸易的中心，位置得天独厚。13世纪后，许多城市国家出现了手工工场，这种资本主义的萌芽开始在意大利出现。一些富裕的商人、银行家、大手工业工场主，成为正在形成中的资产阶级。他们对富裕、美好的生活充满渴望，希望通过自己的奋斗，达成人生的目标。

但是当时欧洲处于教会神学的控制下。罗马教廷控制着人们的精神世界，宣扬苦行禁欲等思想，任何欲望都是有罪的。教会这种陈腐说教以及对人性的压抑，引起了新兴资产阶级的不满，他们开始通过一种方式表达自己的意愿。

古典文化的"家乡"

新兴的资产阶级，宣扬的是以人为核心的新的生活哲学，他们提倡发扬人的个性，追求现世生活。这种思潮被称为"人文主义"。这种思想自然与教会的禁欲等倡导是针锋相对的。所以它的表现形式是隐蔽的，不易为人觉察的。

这些提倡人文主义的思想家和学者发现，就在他们的家乡，在古罗马的政治中心，那些几乎已经被遗忘的古希腊、古罗马文化，与他们的思想在很多地方高度一致，所以他们开始借着复兴古典文化，来宣传人文主义思想。

除资本主义萌芽最早出现在意大利，是文艺复兴滥觞于此的原因外，还有其他原因，比如意大利虽然还不是一个统一的国家，但一些城市共和国商业和手工业发达，有雄厚的财力，为文学、艺术的发展提供了良好的物质环境；另外，定居于这些富裕城市中的许多学者，对古代罗马感兴趣，城市共和国的统治者重视学者，并对他们加以庇护……诸多原因造就了意大利成为文艺复兴的发源地。

文艺复兴的出现，极大地推动了资产阶级思想和文化的传播，它照亮了欧洲中世纪黑暗的夜空。

037 为什么说达·芬奇神奇得像一个穿越者？

达·芬奇以艺术巨匠身份闻名于世，诸多传世名画妇孺皆知，除了在绘画领域有高深造诣和杰出成就，他的很多其他成就在今天看来似乎匪夷所思。

文艺复兴时期最完美的代表

佛罗伦萨，是意大利文艺复兴运动的发祥地，世界著名的文化艺术中心。达·芬奇15岁左右到这里拜师学艺，6年后进入佛罗伦萨画家行会，此后为米兰大公效力，成为一名工程师和建筑师。1495—1498年，他为米兰一家修道院餐厅绘制壁画《最后的晚餐》。1500年，他回到佛罗伦萨创作了肖像画《蒙娜丽莎》。这两件作品成为文艺复兴时期绘画艺术的巅峰之作。

《蒙娜丽莎》

特别是《蒙娜丽莎》，虽然只是一幅普通的肖像画，但是却极为生动和传神，他笔下的这位妇女，温柔典雅，充满了对生活的信心和喜悦。特别是达·芬奇敏捷地抓住了她一瞬间的迷人的微笑，细腻地表露了人物微妙的心理活动，给观者以丰富的联想。意大利艺术史家瓦萨里曾经赞叹："肖像描绘得那样好，以致任何一个卓越的艺术家都感到惊奇和不安。"这幅画充分体现作者讴歌美好人性，渴望幸福生活的人文主义情怀，不愧为公认的世界第一名画。

无所不能

达·芬奇除了是一名伟大的画家，他还是一位自然科学家、工程师，在地质学、物理学、生物学和生理学等方面都提出了诸多创造性见解，甚至在军事、水利、土木、机械工程等方面也有重要的设想和发现。可以说他是人类历史上绝无仅有的全才。达·芬奇没有接受过很多的学校教育，但他一直主张实践和接近大自然。他亲自动手解剖人体，并在此基础上画出了非常精准的人体构造图。他甚至在哥白尼之前就否定了地心说，较早就认识到惯性运动、抛物轨迹、自由落体等动力学原理；他利用流体力学认识河流和血液，参与了运河等水利的设计和建造；据说他所设计的机械装置和发明有上千项，其中包括各种飞行器。更不可思议的是，他由此设计出了人类历史上第一个机器人。达·芬奇一生勤奋多产，有6000多页的手稿被保存下来。在他的手稿中，我们还能发现类似于现代的自行车、照相机、温度计、潜水艇、直升机……其中很多都是几百年后才能有的发明。有人怀疑达·芬奇和外星人见过面！

恩格斯称赞达·芬奇是"巨人中的巨人"，爱因斯坦也对达·芬奇对人类文明的贡献给予高度评价。试问人类历史上有几人能在绘画、音乐、建筑、数学、解剖学、动物学、植物学、天文学、气象学、地质学、地理学、物理学、土木工程等领域都有显著的成就呢？

达·芬奇《大西洋古抄本》手稿真迹在北京展出

038 为什么马克思称莎士比亚是"人类最伟大的戏剧天才"?

提起《罗密欧与朱丽叶》,几乎全世界的人们都耳熟能详。它的作者就是被马克思称为"人类最伟大的戏剧天才"的英国戏剧大师威廉·莎士比亚。

他的成就无与伦比

1564年,莎士比亚出生在英国中西部的斯特拉福镇,少年时代他曾在当地一所文法学校读书,学过拉丁文、古典文学、修辞学和法语等课程。据说,莎士比亚结婚后,为了养家糊口,曾做过乡村教师、士兵等许多工作,这些阅历为他以后的创作提供了丰富的写作素材。后来他在伦敦的一家剧院打杂,再后来他充当演员,再次接触到了社会各阶层的观众,积累了丰富的生活感受和戏剧经验。根据剧团的需要,莎士比亚开始写剧本。从创作《亨利六世》三部曲开始,到《罗密欧与朱丽叶》上演,莎士比亚声名鹊起,震动了整个欧洲。凭着非凡的才华和不懈努力,他一生创作了大量作品,现存剧本37部、长诗2首、十四行诗154首。特

威廉·莎士比亚

别是他的悲剧和喜剧，是世界文苑中少有的艺术珍品。其中的代表作有四大悲剧《哈姆雷特》《奥赛罗》《李尔王》《麦克白》。此外，悲剧《罗密欧与朱丽叶》、戏剧《威尼斯商人》也负有盛名。

他的作品充分反映了新兴资产阶级的人文主义思想，极力赞美友谊与爱情，控诉封建制度和封建贵族的罪恶。他创作的戏剧冲突环环相扣，循序渐进，情节复杂而曲折，引人入胜。他的作品语言生动，富有感染力，许多佳句音韵美妙，或表现鲜明形象，或表达深刻哲理，这些都使得他的作品在大众间广泛传播。

他的影响经久不衰

欧洲的戏剧创作根植于其丰富的土壤，古希腊和古罗马都涌现过许多优秀的剧作家。文艺复兴运动兴起后，莎士比亚横空出世，他继承古代希腊罗马、中世纪英国和文艺复兴时期欧洲戏剧的三大传统并加以发展，将戏剧从内容到形式进行了创造性革新。他的创作方法、语言的应用，都对后世产生了深远的影响。他从人文主义的观点出发，在自己的作品中对封建主义的衰落、资本主义原始积累这一历史过渡时期的英国社会做了广泛而深刻的分析和描绘，反映了时代风貌和社会本质，间接反映了广大人民的情绪和愿望，具有历史进步意义，对欧洲文学和戏剧的发展有重大影响。莎士比亚的戏剧作品是时代的，也是人类永恒的反映。世界各地从来没有停止过演出他的剧目，他的戏剧是人类在舞台艺术中取得的最高成就！莎士比亚无愧于这伟大的赞美——"人类文学奥林匹斯山上的宙斯"。

039 | 你知道西班牙国庆日的由来吗？

每年的10月12日，是西班牙的国庆日。这个节日是为了纪念哥伦布发现美洲大陆这一历史性事件。这件事与西班牙有着怎样的关联呢？

哥伦布远航

随着租地农场和手工工场的扩大，欧洲的商品经济发展很快，人们对财富的渴求日益强烈。在意大利人马可·波罗的描绘中，东方的中国、印度非常富庶，这激起了欧洲人对东方的向往。而当时欧洲通向东方的航路，被印度人、阿拉伯人、意大利人等层层把持，关税极高，商品从东方运往欧洲就变得很昂贵。因此，欧洲人要千方百计寻找通向东方的新航路。当时"地圆学说"的流行、航海技术的进步、指南针的广泛使用、造船技术的进步，都为远洋航行创造了条件。

意大利热那亚的水手哥伦布，从小就热爱航海。他深信"地

西班牙巴塞罗那的哥伦布纪念碑

圆说"，想寻找一条从西方通向印度、中国和日本的新航线。为了实现这个愿望，哥伦布游说于欧洲各国十几年，请求各国资助，但都遭到了拒绝。直到1492年，西班牙国王决定支持哥伦布远航，并与他签订航海协议，任命他为远航新获得的土地的总督。

发现新大陆

1492年8月3日，哥伦布率领船队出发了。他们在经过两个多月的航行后终于看到了陆地，10月12日他们在一个岛上登陆。这个岛是巴哈马群岛中的一个小岛，当地土人称之为"瓜纳哈尼"（今华特林岛），当时哥伦布将这个岛命名为"圣萨尔瓦多"。他误以为这就是印度，称当地居民为"印第安人"。在回到西班牙后，他宣布：找到了通向印度的航路。这在欧洲引起了轰动，哥伦布因此成为贵族。后来他又3次西航（1493年、1498年、1502年）到达牙买加、波多黎各诸岛及中美、南美洲大陆沿岸地带，成为地理大发现的先驱者。但是，他一直未能找到传说中的巨额财富，晚年贫病交迫，最后郁郁而终。直到后来，意大利航海家亚美利哥，发现哥伦布到达的不是印度，而是此前不为多数欧洲人所知的"新大陆"，"新大陆"遂以亚美利哥的姓氏命名为亚美利加洲。

哥伦布对美洲的发现，顺应了欧洲资产阶级掠夺新财富、发展资本主义的迫切要求，引发了欧洲对美洲的大规模殖民扩张，给当地人民带来了深重的灾难。但同时这一发现也极大地开拓了人们的眼界，使世界逐步连为一体。几百年后，许多美洲国家都发起纪念日活动来纪念美洲被发现，而欧洲的西班牙作为曾经的哥伦布赞助者，在1987年将哥伦布到达美洲大陆的时间定为国庆日。

040 麦哲伦完成了环球航行吗？

哥伦布的探险，没有给欧洲，特别是西班牙，带来预想中的财富，但欧洲人还是渴望向西航行到达亚洲。

航海计划

1480年左右，麦哲伦出生在葡萄牙，少年时他有机会进入国家航海事务所，多次参与远航。1505年，他作为水手参加了去印度的远航。1509年后，麦哲伦曾远征马六甲、苏门答腊、爪哇等地，有丰富的航海知识。他向葡萄牙国王提出远航计划，遭到拒绝。1517年麦哲伦迁居西班牙，他再次将计划提交给西班牙国王查理一世，这一次计划得到了批准。

麦哲伦纪念邮票

冒险之旅

1519年，麦哲伦率领5艘船只和200多船员，踏上寻找盛产黄金和香料的亚洲之旅。他的船队，斜穿过大西洋，到达了南美洲的最南端，在那里穿越了后来以他的名字命名的海峡，进入了一片浩瀚无际的大洋。他们航行了一个多月，风平浪静，所以麦哲伦将这片大洋命名为"太平洋"。但是，这片大洋依旧危机重重，最大的危险是没有了食物，水手们只能靠皮革和老鼠充饥，因缺乏维生素，很多人病死……1521年3月6日，他们终于到达了陆地，16日，他们到达了菲律宾——这次是真的到了亚洲。这也意味着，麦哲伦这次航行已经同他先前作为葡萄牙水手时的航行衔接，即实际上他已经完成了人类历史上第一次环球航行。

被当地人杀死

在菲律宾，麦哲伦的船队得到了休整，获得了食物。1521年4月，麦哲伦由于干涉当地岛民内争，被当地居民所杀。他的助手率领剩下的两条船逃离了菲律宾，穿过马六甲海峡，进入印度洋，绕过好望角，沿非洲西海岸终于回到了西班牙。

1522年9月，回到西班牙的船员仅剩18人。历时三年，船队完成了人类历史上第一次绕全球一周的航行，证明了"地圆说"，开辟了新的大航海时代。当然，这也意味着欧洲对世界殖民时代的到来。

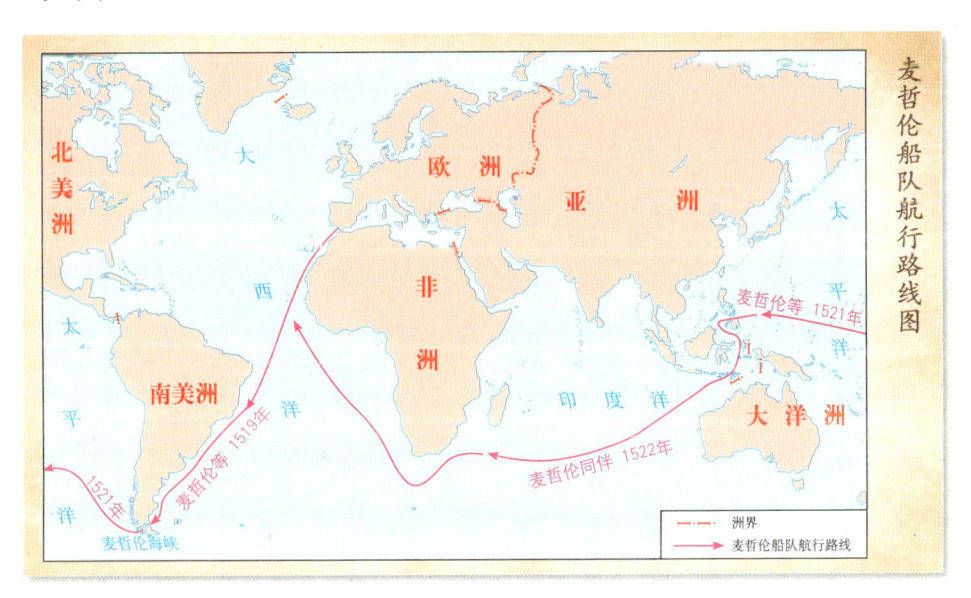

041 为什么最早进行殖民的国家是葡萄牙和西班牙？

人们习惯把墨西哥以南的美洲称为拉丁美洲，原因是这里的居民大都说西班牙语和葡萄牙语，这两种语言都属于拉丁语系。这些地方曾经在几百年的时间里是葡萄牙和西班牙的殖民地。

最先探寻新航路

西班牙和葡萄牙，都位于伊比利亚半岛，在欧洲大陆的西端，面向大西洋，有良好的远洋航海条件。同时，两国位于传统的欧亚贸易交通的最西端，处于极为不利的位置，特别是葡萄牙，地少人少，资源匮乏。随着欧洲资本主义萌芽的出现，商品经济空前繁荣，加之货币危机，整个伊比利亚半岛的黄金不能满足当时的需求。所以怀着对黄金和香料等有价值的资源的无限渴求，这两个国家最先开始了探寻新航路的历程。葡萄牙占得先

新航路的开辟示意图

机，首先由迪亚士率船队向南，沿着非洲西海岸，向南航行，抵达了非洲的最南端——好望角；进而派达·伽马绕过好望角，穿越印度洋，到达印度，开辟了通向东方的新航路。与此同时，由西班牙资助的哥伦布向西，穿越大西洋，发现了美洲；西班牙资助的麦哲伦船队也完成了环球航行。新航路的开辟揭开了地理大发现的序幕，加速了人类文明的进程。在东西方对抗中，长期处于劣势的西方从此开始占据优势。

海军强大

新航路开辟的同时，殖民侵略和掠夺就始终与之相随，占领土地、贩卖人口、掠夺金银财宝，占有一切有价值的东西。

葡萄牙人从15世纪起就在非洲西海岸多地设立据点，16世纪初又将势力延伸至东非海岸；1511年，葡萄牙控制了马六甲海峡，后来继续侵占印度西海岸的第乌、达曼及孟买，在亚洲建立许多商站；在拉丁美洲则抢占了巴西。人口只有200万的葡萄牙之所以能入侵远方诸国，是因为他们有强大的海军，特别是其战舰上的大炮和射击技术，在当时举世无敌。

同样，西班牙凭借"无敌舰队"这支强大的海军舰队，横行于地中海和大西洋，在美洲建立起一个殖民大帝国。在美洲，殖民者犯下了令人发指的暴行，他们倚仗先进的武器对美洲人民进行了大规模的屠杀。他们在当地进行掠夺式贸易，开采金矿，开发种植园。这一切，为两个国家带来了巨额财富，使他们成为欧洲最富有的王室。

042 在大西洋进行的"三角贸易"是什么？

大西洋上曾出现过呈三角形路线的贸易航程，该贸易以贩卖黑奴为中心，被称为"三角贸易"。

一种罪恶的需求

15世纪末，随着哥伦布发现美洲大陆，殖民者在美洲大陆开辟了种植园，需要大量的劳动力。但美洲原有的居民印第安人，已被殖民者大量屠杀。所以，非洲大陆那些体格健壮的黑人，就成为这些殖民者眼中的猎物。罪恶的奴隶贸易愈演愈烈。

一条残忍的路线

最早从事贩运黑奴的是西班牙和葡萄牙，然后荷兰、法国、英国争相加入。17世纪到18世纪，奴隶贸易达到最猖獗的程度。奴隶贩子的航线大致呈三角形。他们的商船从欧洲的港口出发，带着盐、布匹和一些小饰品，驶向非洲，是为初程；到非洲后，他们用这些贿赂当地的部落酋长，挑动部落之间的冲突，趁机捕获黑奴，将这些受害者装进条件恶劣的船舱，经过大西洋，前往美洲新大陆，是为中程；在到达新大陆后，黑奴贩子将黑奴卖给那里的种植园主、金银矿主，将换得的糖、糖浆、烟草、稻米等运回本国，是为归程。黑人奴隶在被运往新大陆的途中，由于船舱过于狭小、拥挤，条件恶劣，所以死亡率非常高。

为防止疾病传播，生病的奴隶便被扔进海里淹死。所以运奴船航行的过程中，后面经常尾随着一群鲨鱼，这条贩卖黑奴之路在大西洋进行的"三角贸易"是什么？

三角贸易示意图

充满罪恶和血腥。

一种血腥的积累

黑奴贩卖持续了将近400年，数以亿计的非洲人惨遭此劫，其中很多人在大海上葬身鱼腹。非洲丧失了大量精壮人口，生产力遭到严重破坏，社会倒退了几百年，这是人类历史上最为黑暗、最为可耻的一页。贩卖黑奴使欧洲人赚取了高额利润，许多原来默默无闻的城镇迅速发展为大城市。资本家正是靠这种手段，完成了资本的原始积累。

043 英国为什么被称为"议会之母"?

议会,也称"国会",是实行三权分立原则的资本主义国家的最高立法机关。英国议会虽然不是世界上最早建立的议会,但它是世界上最早的代议制机构,对其他国家的代议制度有着重大影响,因此英国也被称为"议会之母"。那英国的议会是怎么来的呢?

英国议会的萌芽

在诺曼人入侵英国以前,英国已经有了一套原始的民主传统观念,国王在重大事件上,需要召集民众大会决议,这种大会一般每年举行两三次。虽然国王也有贵族组成的御前会议处理国务,但这种盎格鲁-撒克逊时代贵族民主制中重要的一点是,国王任何重大决策都要经过大会议的同意。这就为封建贵族同专制王权斗争提供了有力的武器。

后来,一些外来军事征服者在英国建立的国家,往往使国王的权力不断增强。比如1066年开始入侵英格兰的诺曼人,在英国建立金雀花王朝以后,王权逐步增大。无地王约翰继位后,与法国战败,丢失大量国土,后又试图挑战教皇的权威,也以失败告终,还要向教皇交纳巨额贡物。约翰还违反封建惯例,征收过多的继承金、协助金、盾牌钱等,还借故没收封臣的地产,向城市多方勒索。这些引起了包括英国教会、封建贵族和城市市民的强烈不满。1215年,封建贵族在市民的支持下,占领了伦敦,挟持了英王约翰,迫使英王签署《大宪章》。这份文件的目的就是让国王明白，按照传统，即使是国王，也只是贵族"同等中的第一个"，没有更多的权利，而且要受到法律的限制。这就是著名的"王在法下"。这个文件也因此被看作是近代民主政治的源头。

英国议会的产生和发展

《大宪章》最著名的一条：由 25 名贵族组成一个委员会，有权随时召开会议，甚至可以否决国王命令并使用

英国的议会大厦

武力。这真是一项史无前例的法律规定。英国近代议会制度由此具备雏形。英国的议会作为国王的顾问团体，人员由国王选中，他们有权参政议政，后来议会逐步有了立法权，成为一个固定的立法机构。在《大宪章》签订以后，议会逐渐成为独立于国王并定期开会的法定存在。13 世纪中期，贵族在同英王亨利三世的斗争中获胜，1265 年，贵族西蒙·德·蒙德福特召开了英国历史上第一次议会，除了有贵族和主教参加，还邀请了骑士和市民代表，此次会议是为英国等级代表议会的开端。

王权与议会之间的权力之争日趋激烈。特别是到了 17 世纪，随着英国资本主义的发展，资产阶级和新贵族控制了议会，他们与国王的矛盾愈发难以调和，导致了英国资产阶级革命的爆发。英国议会取得了胜利，使英国成为君主立宪制的国家。如今，英国议会设于伦敦的威斯敏斯特议会大厦。

044 "光荣革命"为何"光荣"？

1689年2月，英国举行了新王加冕仪式，女王玛丽和她的丈夫国王威廉开始了双王执政。

原因很无奈

1649年，国王查理一世被送上断头台，国家权力落在了以克伦威尔为首的军队手中，议会有名无实。克伦威尔的行为比过去的国王还要专横，虽然他极力维护资产阶级的利益，但对人民彻底铲除封建制度的要求坚决进行打击，从而失去了广大人民的支持。

克伦威尔死后，斯图亚特王朝又复辟了。很快，查理二世和他的继任者詹姆士二世（查理二世的弟弟）露出本来面目，对革命者进行反攻倒算，英国笼罩在白色恐怖中，许多人逃亡。但这时的资产阶级和新贵族，已经丧失了早年的革命性，他们只想保住自己的既得利益，不想也不敢去推翻这个反动的封建王朝。就在这时，信仰天主教的詹姆士二世，企图借助法国，恢复天主教会和专制统治。1688年，詹姆士二世的第二个妻子生下一个儿子，这使资产阶级和新贵族的愿望落了空，因为他们原本寄希望于詹姆士二世的女儿——信奉新教的玛丽继位。于是他们决定采取措施让詹姆士二世下台。

过程很"光荣"

伦敦主教和几个社会知名人士给在荷兰的詹姆士二世的女儿玛丽和女婿威廉发送了密信，邀请他们来英国保护英国的"宗教、自由和财产",希望他们率军队来英国,取代詹姆士二世。威廉于1688年11月率军1万多人,登陆英国。威廉的军队登陆后,英国的大臣、王室、军队纷纷迅速倒向了威廉。反对国王的军队开向了伦敦,詹姆士二世众叛亲离。12月,他离开伦敦逃往法国。议会宣布詹姆士二世"自行退位",请威廉和他的妻子玛丽共同统治英国,作为英国国王和英国女王,称威廉三世和玛丽二世。同时议会提出了《权利法案》,要求国王未经议会同意,不得颁布或废除法律;不经议会同意,不能征收赋税;天主教徒不能担任国王,国王不能与天主教徒结婚等。威廉夫妇接受了《权利法案》和议会的要求。

英国仅仅用换了一个国王的方式就完成了一场革命,一滴血也没有流,所以这场革命被称为"光荣革命"。

结果更"光荣"

这场革命看起来更像是一场宫廷政变,但是它确实是一场真真正正的革命。首先,革命使英国换了一个国王,且国王接受了议会提出的条件,保住了英国资产阶级革命的成果。关键是这一切都由议会包办,是议会缔造了国王。从此之后,国王附属于议会,而不是议会附属于国王。这才是这场革命最大的意义。从此英国确立了议会在国家政治生活中的最高地位,英国逐渐建立起君主立宪制。

045 哪些美国总统与美国独立战争紧密相关？

乔治·华盛顿

乔治·华盛顿（1732—1799年），是美国弗吉尼亚州一个种植园主的儿子，他早年在军队担任过指挥官，具有一定的军事斗争经验。在美国独立战争开始后，他被大陆会议任命为大陆军总司令，指挥军队与英国人作战。在独立战争胜利后，华盛顿主持了美国第一部宪法的制订，为美国的民主建设铺平了道路。1789年，他被选举为美国第一任总统。鉴于华盛顿对美国赢得独立解放、开创美国民主政治做出的杰出贡献，他被称为"美国之父"，美国的首都也以他的名字命名。他深受美国人民的爱戴。

托马斯·杰斐逊

托马斯·杰斐逊（1743—1826年），是美国第三任总统，同时也作为大陆会议代表，参与起草了《独立宣言》。1775年5月，第二届大陆会议在费城召开，杰斐逊与华盛顿、富兰克林一起到弗吉尼亚参加了这次会议。在这次会议上，杰斐逊被任命为《独立宣言》的主笔人。1783年至1784年，杰斐逊担任国会议员，向国会提交了一系列重要法案。根据他的意见，国会采纳了货币的十进位制，因而杰斐逊被称为"美元之父"。1801年2月，他当选为美国第三任总统。杰斐逊在任期间，从法国"购买"路易斯安那，使美国国土扩张到与墨西哥接壤；推行"西进政策"，颁布禁止输入黑奴的法令。杰斐逊晚年创立了弗吉尼亚大学。

本杰明·富兰克林

本杰明·富兰克林（1706—1790年），出生在美国波士顿。在美国独立战争爆发之前，他已经是一位成功的企业家，还是一位成就卓著的科学家。他所做的电风筝实验为世人所熟知，他还提出了制造避雷针的设想，因此，他被英国皇家学院授予院士的称号。但是在战争爆发后，富兰克林毅然投入到为自由独立而战的斗争中去。他与杰斐逊等人共同起草了《独立宣言》。1783年，富兰克林与约翰·亚当斯、约翰·杰伊代表美国与英国签订《巴黎和约》，英国正式承认北美十三州独立。1787年，富兰克林又参与美国宪法的制定，由此成为唯一一个同时签署美国三项最重要法案文件《独立宣言》《巴黎和约》（1783年）、《美利坚合众国宪法》的建国先贤。

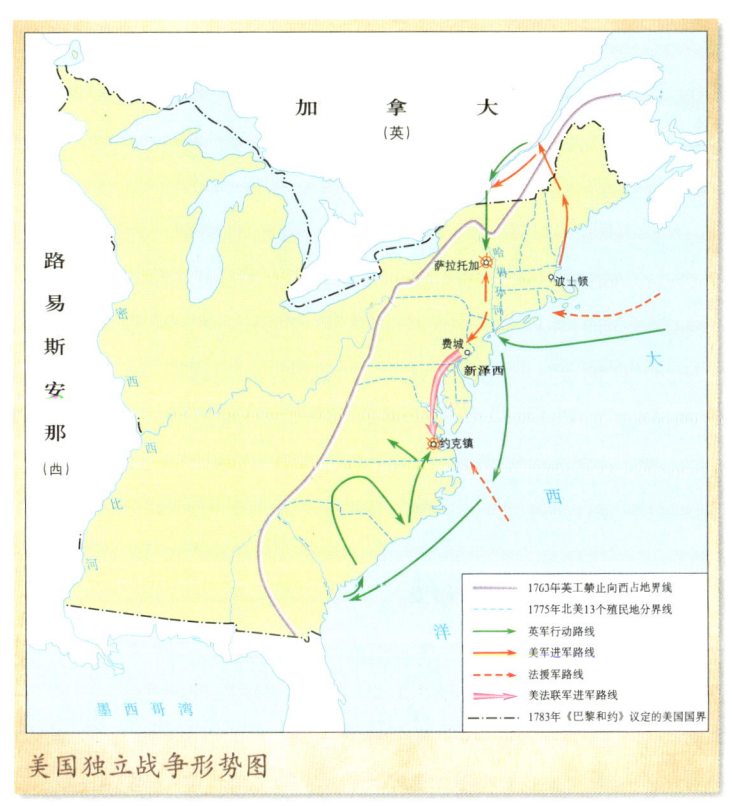

美国独立战争形势图

046 为什么说美国是一个"没有童年"的国家？

美国从建国到成为世界大国，只用了 200 多年，所以有人说，美国只有青壮年，没有童年。为何会这样说呢？

一开始就发展迅速

1492 年，哥伦布发现美洲大陆，西方殖民者纷纷在北美大陆进行探险和移民。而英国人虽然来得晚，但是发展却很快。从 1607 年到 1733 年的 120 多年间，英国人在北美洲的大西洋沿岸建立了 13 个殖民地，人口超过 100 万。这里不是地形狭小的英国，而是一片土地辽阔、资源丰富的新大陆。所以北美殖民地的发展一开始就走上了与英国不同的道路。由于地理条件的差异，13 个殖民地的经济也存在差异：北部是发达的资本主义工商业，南部是大量黑人劳作的种植园经济。虽然，英国在北美殖民地建立了一整套统治机构，但是统治者面对山高水远的北美，鞭长莫及，控制不算严密。这里民主自由的氛围较浓，封建等级和封建特权几乎没有，只要努力，几乎人人可以获得土地，贫富差距相对较小。各殖民地都有议会，在北部殖民地还盛行地方自治，当地人有参政议政的习惯和权利。

有了统一的性格和精神

随着经济的发展，13 个殖民地的经济联系日益密切。南北经济相互补充，逐渐形成了统一的市场。北方以工业品供应南方，南方则以农产品供应北方。在经济往来日益密切的同时，南北之间的

为什么说美国是一个"没有童年"的国家？

美国纽约曼哈顿金融区

差距不断缩小，形成了共同的文化观念和价值追求，原来的英国人、荷兰人、意大利人的国家差异不断缩小，人们开始形成一种新认识，我们是一个新的民族——美利坚民族。他们不仅有了统一的经济市场，有了共同的生活地域，有了共同的语言（美式英语），还有了共同的民族性格和精神特质，一个新的美利坚民族正在形成。而且，在北美大陆的英国殖民地上，有很多人是受英国政府迫害而流亡北美大陆的，对英国政府本来就"有情绪"。再加上欧洲启蒙思想的传播，反对强权、争取民主自由，实现人人平等的思想，逐渐深入人心。因此美利坚民族已经成长起来了，既强壮有力，又朝气蓬勃，有了成熟的思想和价值追求。所以，一旦遭到英国的不公平对待，他们的反抗就是大势所趋了。1775年到1783年美国的独立战争，使美国摆脱了英国的殖民统治，赢得国家独立，走上了发展资本主义的道路。

　　美国没有经历过像一般国家所经历的奴隶制、封建制，而是因其特殊的历史经历，直接进入资本主义社会，经济发展迅速。这就是为什么常有人说美国"没有童年"，一开始就是"壮年"。

047 你知道美国的自由女神像吗?

"那些疲乏了的和贫困的/挤在一起渴望自由呼吸的大众/那熙熙攘攘的被遗弃了的/可怜的人们/把这些无家可归的/饱受颠沛的人们/一起交给我/我高举起自由的灯火……"

美国自由女神像

这是美国自由女神像背后雕刻的诗中的几句,与女神像一起,被世人所熟知。女神像是法国在美国独立100周年之际赠予美国的礼物,矗立在纽约港口。这座雕像成为美国的象征。

具有象征意义的雕像

自由女神雕像高46米,连同基座高93米,重达225吨,以120万吨的钢铁为骨架,80吨铜片为外皮,以30万只铆钉装配固定在支架上。自由女神头戴有光芒的冠,象征世界七大洲,身穿古希腊风格服装,右手高擎象征自由的火炬,左手执一本《独立宣言》,脚踩被挣断的铁链,象征着挣脱暴政的约束和自由。基座内辟为展览厅,记录着数以百万的移民漂洋过海到美国的历史。自由女神像内部中空,可乘电梯直达女神像头部,其上又有171级旋梯通至女神头上戴着的花冠，头顶上又有60级旋梯通向整座雕像最高点火炬。女神像从设计到制作完成用了10年时间。1984年，自由女神像被列入《世界文化遗产名录》。

登上"五月花"号——为自由而来

1620年，来自英国的一批清教徒和其他移民乘"五月花"号航船，到达陌生的北美洲准备重新开始人生。这里没有国王专制，这里有他们向往已久的自由。此后，不计其数的英国人、荷兰人、法国人、意大利人，带着自由的梦想来到这里，通过自己的奋斗，在这里开辟出属于自己的一片天地。然而，贪婪的英国殖民者，没有给予北美大陆人民平等的权利，而是把他们作为残酷压榨的对象。

《独立宣言》——为自由而战

英国国王和贵族将北美看作自己的原料产地，驱赶和迫害当地印第安人，剥削欧洲移民和从非洲贩来的黑奴。对于英国殖民者的强盗行为，北美大陆人民奋起反抗。1776年7月4日，人们在费城聚会，痛陈英王向他们收取赋税，甚至经常直接掠夺他们的财产、矿藏，以及其他种种暴行。13个殖民地的代表签署了《独立宣言》，宣布人人生而平等，人们有生存权、自由和追求幸福等不可转让的权利，宣言号召殖民地人民反对英国的殖民统治，同时宣告北美13个殖民地脱离英国而独立！经过8年奋战，英国战败，自由之光终于照射到北美大陆。

但时至今日，真正的自由，还远远没有实现。"美国自由之光"并未照射到所有美国人，特别是黑人和其他有色人种，他们如今还受到种种歧视，美国社会要想真正实现"人人生而平等"，还有很远的路要走。

048 美国总统是"皇帝"吗?

1789年4月30日,在美国临时国都纽约,美国第一位总统乔治·华盛顿宣誓就职。在此之前,有人劝他当国王,被华盛顿拒绝。那么,美国的总统是帝王吗?

权力受到制约——就像被关在笼子里

美国人通过独立战争摆脱了英国的控制,他们不想再看到一个专制暴虐的国王出现,所以按照启蒙思想三权分立的原则,1787年美国宪法规定,行政、立法、司法三权分立,总统只有行政权,而立法权属于国会,司法权属于最高法院。总统由选举产生,任期4年,连任不得超过两届。总统任命的各部部长需要国会批准。国会如发现总统有不法行为,可以对总统进行弹劾,然后强迫其下台。如果总统否决了国会的法案,国会可再次进行表决,如有超过三分之二的人同意,法案即可生效。另外总统虽然也是三军总司令,但是要发动对外战争,同样需要国会的批准。所以,美国总统处处受到权力的制约,无法与权力几乎不受限制的封建帝王相比。

越来越像帝王——要从笼中挣脱

美国的总统,权力在不断地扩大。首先,他是国家元首和政府首脑,集行政大权于一身,同时还是武装部队的总司令。尽管总统会受到国会的制约,但是在美国南北战争以后,联邦政府的权力不断得到加强,国会对总统的约束越来越少,特别是对军队的指挥权。总统总是通过各种办法，绕过国会，采取特别军事行动。这一点在第二次世界大战中表现得尤为明显。而美国两党制的结构，导致若国会想通过对总统的弹劾，凑齐三分之二的多数也相当不容易。随着美国国力的不断增强，美国在国际上的地位越来越重要，总统无可争议地成为美国形象的代言人，他的权威越来越难以撼动。

白宫

049 什么是启蒙运动的"理性之光"?

1755 年,一部由伏尔泰改编的戏剧《中国孤儿》在巴黎皇家剧院首次公演,轰动了整个巴黎。伏尔泰对中国文化、对孔子的思想倍加推崇,实际上当时的欧洲和法国正在掀起一股东方热、中国热。中国的孔孟之道、科举制度,都成为伏尔泰等学者推崇的对象,他们这样做的目的是什么?

伏尔泰

在孔子的思想中寻求理性之光

18 世纪的法国,封建制度日益腐朽没落,教会对人们精神的控制依然严厉,他们与封建王权勾结在一起,打击进步思想,推行文化专制。新兴的资产阶级希望打破封建思想的精神枷锁,为资本主义的发展扫清障碍。因此,这些资产阶级的思想家掀起了一场对民众进行启蒙教育的运动,力图用理性之光驱散愚昧和黑暗,该运动被称为"启蒙运动"。这些启蒙思想家认为孔子的思想中有"理性"内容,与他们的思想高度一致,所以他们对以孔子为代表的中国传统文化尤为推崇。实际上他们宣传的"理性",是要揭开统治阶级恶的面纱,让人们认清那些贵族、教士的本来面目,改变即使受压迫、受剥削也不反抗,世世代代俯首听命的旧

孟德斯鸠

卢梭

思想，希望人们敢于同封建势力做斗争。所以，这实际上是一场宣扬资产阶级文化的思想解放运动。

理性之光照亮世界

　　这场运动的代表人物，除了伏尔泰，还有孟德斯鸠、卢梭等人。孟德斯鸠提出了三权分立的主张，而卢梭则旗帜鲜明地主张最大限度地让公民直接参与国家管理。他们的思想，如同一道道闪电，划破欧洲的夜空，吹响了消灭神权、王权和特权，追求政治民主、权利平等和个人自由的号角。启蒙运动的思想很快开始广泛传播，从法国传遍欧洲，传到美洲大陆，传遍全世界，越来越多的人成为启蒙思想的信徒。这场运动成为大革命的火种，美国独立战争、法国大革命、拉丁美洲的独立运动都直接受到了启蒙思想的影响。"人生而自由平等"成为革命的旗帜，引导着人民，投入到反封建、反压迫的斗争洪流中去。

050 你知道法国三色旗的由来吗？

7月14日，是法国的国庆日，法国每年都要隆重纪念这个象征自由和革命的日子。编成队列的飞机掠过香榭丽舍大街，机尾喷出蓝、白、红三色烟幕。入夜，凯旋门上空，明亮的蓝、白、红三色探照灯光柱摇曳，与门洞的巨大国旗交相辉映。法国国旗的颜色正是自左至右的蓝、白、红三色。法国三色旗，与法国大革命有密不可分的关系。

庆祝活动时，凯旋门上空的三色烟雾

三级会议的召开——革命的前奏

在法国，三级会议的历史可追溯到14世纪，但是长期以来，三级会议一直是王权的附属品，没有立法权，也不定期召开。三个等级的地位极不平等，作为人数最多、负担最沉重的第三等级群众，包括资产阶级在内，与前两个等级一样（前两个等级为教士、贵族），只有一票表决权。第一、二等级属于特权阶级。广大第三等级处于被剥削受压迫的地位，他们对一、二等级极为不满。到18世纪，随着法国资本主义的发展，资产阶级的力量不断壮大，加上启蒙思想的影响，人民敢于表达自己的不满，要求改变现状的呼声越来越高。革命已经在酝酿，拥有几百年历史的法国君主专制统治即将倒塌。

三种颜色曾经有一种属于国王

1789年5月召开的三级会议，面对第三等级代表提出的制宪等要求，国王却进行镇压，最终导致了革命的爆发。1789年7月14日，巴黎人民攻占了法国专制统治的象征——巴士底监狱。倾向革命的军队戴上红蓝两色帽徽，这本来是巴黎的市徽，后来一位法国将军，在其中加入代表王室的白色，希望人民与王室携手合作，建立一个自由平等的新国家。再后来，三色旗被定为法国的国旗，国旗上从靠近旗杆那边起依次为蓝、白、红三色长方竖条。

三种颜色有了新的内涵

法国1791年的新宪法捏出了在法律面前人人平等的观念，但并没有废除君主制度。但是在革命发展的过程中国王扮演的角色，却让人民大失所望。他勾结外国势力，武装干涉法国革命。大敌当前，法国人民拿起武器，高唱着《马赛曲》，在三色旗的旗帜下，组成义勇军，与外敌殊死搏斗，终于将敌人赶出国境，使革命转危为安。在人民的强烈要求下，国王路易十六被送上断头台。法国废除君主制，成为法兰西第一共和国。三色旗的象征意义也随之变成了"自由、平等、博爱"。

051 你知道拿破仑的故事吗?

1840年12月15日,拿破仑·波拿巴的灵柩被迎回法国巴黎。巴黎城内90万法国人迎接他们心中的英雄魂归故里。

乱世出英雄

拿破仑·波拿巴(1761—1821年)出身于地中海科西嘉岛的一个贵族家庭,从小进入军校接受教育,勤奋好学,成绩优异。16岁的拿破仑从军后,成为一名炮兵少尉。当时的法国,正值大革命时期,拿破仑的军事才能得以充分展现。1793年土伦战役中他因指挥出色,被擢升为准将。他的才能被当时法国的资产阶级赏识,后来他被任命为远征埃及的法军司令。当时的法国,外有封建国家的武装干涉,内有王党分子的反动叛乱,执政的政府软弱无能,引起各方的不满。拿破仑抓住机会,于1799年发动雾月十八日政变,夺取政权,法国从此进入拿破仑时代。

拿破仑·波拿巴

当上皇帝,称霸欧洲

拿破仑上台后,采取了一系列坚决果断的措施,对内建立起一个高效的国家机器,大力发展工商业和农业,制定《拿破仑法典》,把法国大革命的成果用法律的手段巩固下来,对发动叛乱的王党分子坚决打击，很快巩固了国内统治；对外再次打败反法联盟的军队。这一切使拿破仑的威望达到顶峰。1804年，拿破仑加冕称帝，建立法兰西第一帝国。

盛极而衰，沦为阶下囚

在欧洲各国君主的眼里，拿破仑虽然当了皇帝，但他仍然是革命的捍卫者，所以必除之而后快。拿破仑与反法联盟展开激烈的较量，取得了诸多胜利。整个欧洲大陆几乎都被拿破仑的大军横扫了。欧洲的封建势力遭到了毁灭式的打击。但是，拿破仑的对外战争也带有掠夺性，激起了当地人民的反抗。1812年，拿破仑远征俄国惨败而归，加速了帝国的灭亡。1814年，反法联军攻陷巴黎后，拿破仑被放逐于厄尔巴岛。1815年，他再返巴黎，重掌政权（史称"百日王朝"）。滑铁卢战役失败后，拿破仑被流放于大西洋南部的圣赫勒拿岛，最终病死于该岛。

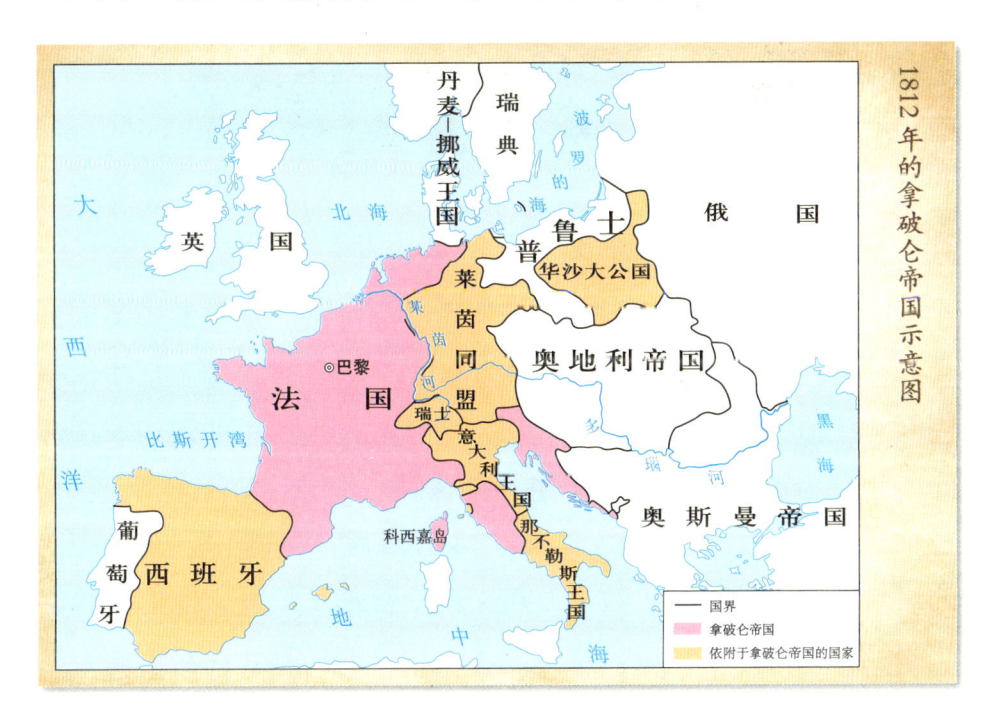

1812年的拿破仑帝国示意图

052 法国资产阶级革命为什么叫"大革命"?

1792年9月20日,在法国凡尔登附近的瓦尔密高地,一支由普通巴黎市民组成的法国军队,打败了数倍于己的普鲁士军队,取得了革命爆发以来对反法同盟的第一次胜利。在战斗中,法国人民所表现出的磅礴力量,是以前任何一场革命都不曾有过的。

攻占巴士底狱

规模浩大

大革命前,在等级森严的封建专制制度下,第三等级苦不堪言,生活在压迫之中。18世纪兴起的启蒙运动,唤醒了那些饱受剥削和压迫的下层人民,他们开始有了对自由民主的渴望。在资产阶级革命派的带领下,大量法国人民投身于大革命的洪流中,成为革命的主力军:1789年7月14日清晨,"打到巴士底狱去"的口号响彻巴黎上空,数十万起义群众参加了战斗,他们占领这座象征专制统治的堡垒,也揭开了大革命的序幕。面对革命的滚滚洪流，国王企图逃跑，被人民发现并押回巴黎。欧洲各国的封建君主，纷纷派兵，开赴法国边境，而当时的法国政府软弱无力，致使法军在前线屡屡受挫。1792年，巴黎的警钟再次响起，人民再次起义，逮捕路易十六（后被处死）。这次起义结束了法国的君主制，将法国革命推向新的高潮。1792年反法联盟的军队侵入法国领土，当时的政府怯懦动摇，革命处于生死关头，1793年，巴黎人民第三次起义，粉碎了欧洲国家的武装干涉，平息了国内叛乱，使革命又一次转危为安。这场革命声势浩大，人民都踊跃参与其中，法国革命再一次证明——人民才是历史真正的创造者。

成果显著

正是由于人民的真正参与，法国大革命才对封建制度进行了摧枯拉朽式的打击。在大革命爆发后，法国各大城市相继爆发革命，推翻了封建政权。在农村，深受封建剥削和压迫的农民也纷纷拿起武器，攻打地主庄园。在人民的强大压力下，上台的资产阶级政府采取一系列措施，打击封建势力，经过革命的洗礼，人民主权的概念逐渐深入人心。即使拿破仑当了皇帝，法国也不可能再回到波旁王朝的旧时代。

影响深远

一场规模空前、完全彻底的法国大革命，推翻了波旁王朝的统治，摧毁了法国的君主统治，将法国的封建时代彻底终结，传播了资产阶级自由民主思想，促进了法国资本主义的发展，也为其他国家的人民反抗君主专制做出了很好的榜样，对欧洲及世界的历史都产生了深远影响，具有划时代意义。

053 "工厂"与"工场"是一回事吗？

19世纪，传统的手工工场逐渐被大工厂替代，现代工厂制度最终确立。

手工劳动的"工场"

工场，一般指手工工场，是资本主义工业生产的一种基本组织形式和发展阶段。16世纪至18世纪60年代，工业革命发生前的这段时间，是西欧历史上的手工工场时期。

自13世纪开始，国际贸易发达的地区出现了一些规模较大的手工工场。16世纪中叶以后，随着海外贸易的扩大，手工工场得到了进一步发展。手工工场的发展经历了分散的手工工场和集中的手工工场两种形式。手工工场发展初期多为分散的手工工场，多分布在农村，工人不在手工工场主家内工作，而是从手工工场主那儿领得工作，回家做好，按件数换取工资，其原料与工具等都由手工工场主提供。随着生产规模扩大和分工协作的需要，手工工场走向集中。手工工场主不仅向工人提供原料、统一的生产工具，而

中世纪印刷工场

且安排工人在同一个工场里劳动,使工人成为完全出卖劳动力的雇佣劳动者,与手工工场主形成彻底的雇佣关系,这种手工业中生产关系的变革标志着西欧资本主义萌芽的产生。无论是分散的手工工场还是集中的手工工场,都已经有了初级分工,生产效率提高,生产工具得到完善,在物质、技术上为之后的工业革命准备了条件。

机器化大生产的"工厂"

现代意义上的工厂,产生于第一次工业革命时期,是以机器化大生产代替手工劳动的工业生产。

早期蒸汽机等机械发明后,英

福特汽车公司的生产流水线

国开始出现了以机器生产为主的工厂。18世纪后期,瓦特改良的蒸汽机投入使用后,推动了工业革命向纵深发展,不仅使机器在生产中得到广泛应用,而且促使了现代工厂制度的确立,使英国成为世界上最早实行工厂制度的国家。工厂制度的出现极大地促进了经济发展,使人们的生活方式发生了显著变化,人类由农业社会迈向工业社会。到20世纪初,美国福特公司创立了生产流水线,使工厂的发展又向前迈进了一步。与手工工场相比,工厂有集中的生产场所、生产纪律和管理制度,采用机械化大生产,大大提高了社会生产力,这是人类生产技术方式上的一大飞跃。

054 1851年伦敦万国博览会上，英国是如何惊艳世界的？

1851年伦敦万国博览会是世界上最早的大型国际博览会，作为东道主和强大的殖民帝国，英国向世界展示了工业革命带来的繁荣和进步。有历史学家称这次博览会是"展示英国工业革命胜利成果的大会"。在这次世博会上，英国是如何惊艳世界的呢？

工业革命的盛宴

1850年，以维多利亚女王的丈夫阿尔伯特亲王为首的皇家委员会成立，专门负责博览会的筹备、国外工业产品的引进、奖项的公平分配等相关工作。随后，维多利亚女王向世界各国发出了万国博览会的参展邀请。1851年举办的伦敦万国博览会的展品数量共计十万多件，英国的展品约占一半，并且提供的都是工业品，外国提供的展品几乎都是农产品和手工业品。英国工业革命带来的先进工业品让参观的人们目瞪口呆，这些工业品有自动纺纱机、织布机、火车头、海船发动机、起重机、压力机、汽锤、机床、汽船模型、隧道和桥梁模型，还有一块24吨重的整体煤块和蒸汽机，甚至还有武器装备等。

参观者最感兴趣的是展厅西北角专门建造的锅炉房所产生的蒸汽，它驱动着各种机器，如造币机、拉线机、纺纱机、开槽机、抽水机等一起转动。人们惊奇地看着各种机器工作，真实地领悟到工业革命给世界带来的变化。《泰晤士报》称这些运作中的机器为"整个展览中最精彩、最重要的一部分"。

1851年伦敦万国博览会上，英国是如何惊艳世界的？

水晶宫

为博览会专门修建的"水晶宫"，本身就是一件巨大的工业革命成果展示品，也是工业革命时期的建筑代表。水晶宫由园艺师帕克斯顿设计，它完全用钢铁和玻璃建造，消耗了4500吨钢材和30万块玻璃，不管是从外面还是从里面看都非常透亮，因此得名水晶宫。建造这座宏伟的建筑，只用了四个多月的时间，在当时，只有英国才能做到，这也显示了英国现代化大规模工业生产技术的发达。世博会结束后，水晶宫被拆除并迁移重建。虽然它因1936年的一场火灾被焚毁，但是这座历史上第一次以钢铁、玻璃为材料建造的超大型建筑，成就了第一届伟大的世博会，成为当时工业文明成就的象征，并开创了世博会的建筑时代。

水晶宫

055 蒸汽机是瓦特发明的吗？

瓦特，是英国发明家、企业家，是第一次工业革命中的重要人物。

前人们的贡献

以蒸汽为动力的想法大约出现在 17 世纪中后期的法国。

1698 年，法国物理学家德尼斯·帕潘在研究蒸汽压力时，用一个圆筒和活塞首次设计制造了一台简单的蒸汽机，这个"汽缸－活塞"装置是一个伟大的创举，后人都是在此基础上不断改进，现代内燃机仍然在使用这一结构。数年后，英国人托易斯·塞维利制成了矿坑排水用的蒸汽机水泵，代替了繁重的人工劳动，但该机器故障率高，非常笨重。1705 年，英国人纽克曼经过长期研究，综合帕潘和塞维利的发明优点，创造了空气蒸汽机。他改进的蒸汽机具备了后来蒸汽机的基本雏形。但纽克曼蒸汽机也有明显的缺点：故障率高、热效率低、太费煤。

瓦特改良蒸汽机

1763 年，一台要维修的纽克曼蒸汽机被送到瓦特的手里，这是他第一次接触到蒸汽机，他决定将其改进。在借鉴和吸取了前人经验的基础上，瓦特于 1765 年制成实用性较强的单作用式蒸汽机，并于 1769 年取得"在火力机中减少蒸汽和燃料消耗量的新方法"专利。

1781 年，瓦特公司的雇员又研制出一套齿轮联动装置，从而

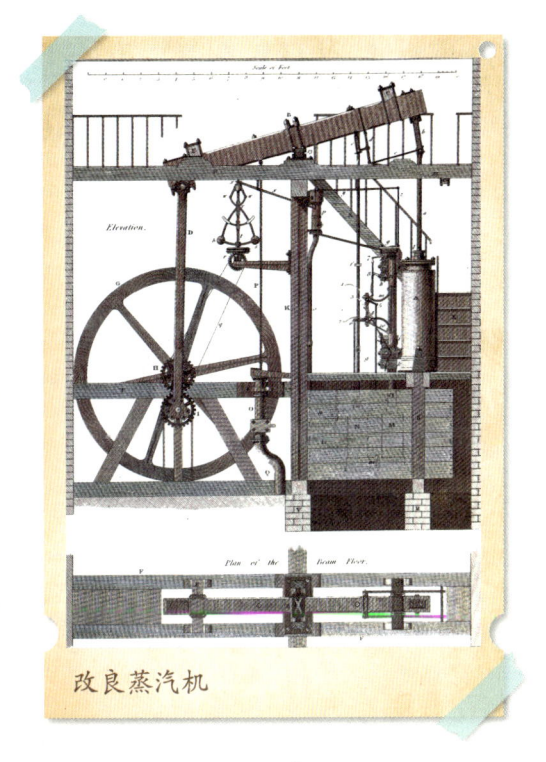

制造出了从两边推动活塞的双动蒸汽机，使得蒸汽机的使用范围大为拓展。后来，瓦特在蒸汽机中安装上自行研制的离心调速器，这样便可以实现蒸汽机自动控速。此后，他又发明了压力表、计数器、指示器和节流阀门，并获得四项专利。至此，瓦特完成了蒸汽机改良的全过程，使蒸汽机的效率提高到原来纽克曼蒸汽机的三倍多，而且配套齐全、性能优良、切合实用。瓦特由此博得了"第一部现代蒸汽机——高效率瓦特蒸汽机的发明者"称号。

改良蒸汽机

"蒸汽时代"到来

瓦特蒸汽机对人类的重要性是难以估量的，蒸汽机在纺织、采矿、冶炼和交通运输等方面得到了广泛应用，它使机械化生产打破了自然条件的束缚，大大开拓了工业生产的领域，极大地推动了第一次工业革命，使人类进入了"蒸汽时代"。并且，瓦特对蒸汽机的改进以及蒸汽机的广泛应用，直接推动了热力学理论的研究和发展。瓦特去世后，为了纪念他，人们将功率的单位定为"瓦特"。瓦特并非世界上第一个制造出蒸汽机的人，但他是世界上第一个发明出具有实用价值的蒸汽机的人。他的改良蒸汽机，促成了工业动力上的一场革命，具有划时代的意义。

056 为什么说马克思是"千年第一思想家"?

1999年英国广播公司评选千年最伟大的思想家,马克思高居榜首。为什么说马克思是"千年第一思想家"呢?

伟大的理想

卡尔·马克思(1818—1883年)出身于普鲁士莱茵省的一个律师家庭。中学毕业时他立志要选择最能为人类谋福利的职业,先后进波恩大学和柏林大学法律系,先是攻读法学,后主要研究历史和哲学。博士毕业后他担任了《莱茵报》编辑,他对广大底层民众的疾苦十分了解,多次撰文抨击普鲁士的反动统治。1843年,马克思移居巴黎,次年创办《德法年鉴》杂志。在这段时间里,他对政治经济学、法国社会运动及法国历史进行了深入研究,发表了《〈黑格尔法哲学批判〉导言》、

马克思

第一次指明无产阶级是实现社会主义革命、完成人类解放的力量，从一个革命民主主义者转变为共产主义者。1844年，恩格斯来到巴黎拜访他，两个人共同对社会主义进行研究，结下了深厚的情谊。1848年，他们共同发表了国际共产主义运动的第一个战斗纲领——《共产党宣言》，号召全世界无产者联合起来。《共产党宣言》的问世标志着马克思主义的诞生，在马克思主义的指导下，世界各国的无产阶级革命运动蓬勃发展。

不平凡的斗争

欧洲1848年革命期间，马克思同恩格斯一起回到德国参加革命，在科隆筹办《新莱茵报》，马克思任主编。他们通过该报指导德国革命运动，声援各国人民的革命斗争。1864年，马克思在伦敦领导建立了第一国际，指导各国无产阶级的革命斗争，并同内部的机会主义进行了坚决斗争，使国际工人运动顺利发展。1867年，马克思的《资本论》第一卷出版了，它揭示了资本主义社会的内部矛盾，科学地论证了资本主义的必然灭亡和共产主义的必然胜利。1871年，他热情歌颂和支持巴黎公社，并写了《法兰西内战》一书，总结公社的经验教训，提出无产阶级必须用暴力打碎旧的国家机器，实行无产阶级专政，进一步丰富和发展了无产阶级革命和无产阶级专政学说。

永恒的旗帜

马克思既是一位革命家，又是一位科学巨匠，他发现了人类历史的发展规律，把毕生献给了无产阶级的解放事业。马克思主义在人类历史上第一次确立了科学的世界观和方法论，是人类思想史上的一场伟大革命，它开创了一个新的时代。

057 《国际歌》是如何诞生的？

"起来，饥寒交迫的奴隶！起来，全世界受苦的人！满腔的热血已经沸腾，要为真理而斗争。"这首由法国革命诗人欧仁·鲍狄埃作词，法国工人作曲家比尔·狄盖特谱曲的《国际歌》，诞生于1871年，被誉为"无产阶级的战歌"。这首歌背后有一段悲壮的故事。

巴黎公社

法国在普法战争失败后，资产阶级政府的阶级压迫和民族投降政策，激起广大群众的不满。1871年，巴黎工人举行起义，推翻了资产阶级反动统治，建立无产阶级新型政权。以梯也尔为首的资产阶级政府逃往凡尔赛。之后，经过选举，巴黎公社委员会正式就职，巴黎公社成立。公社在工人群众的积极支持下，建立

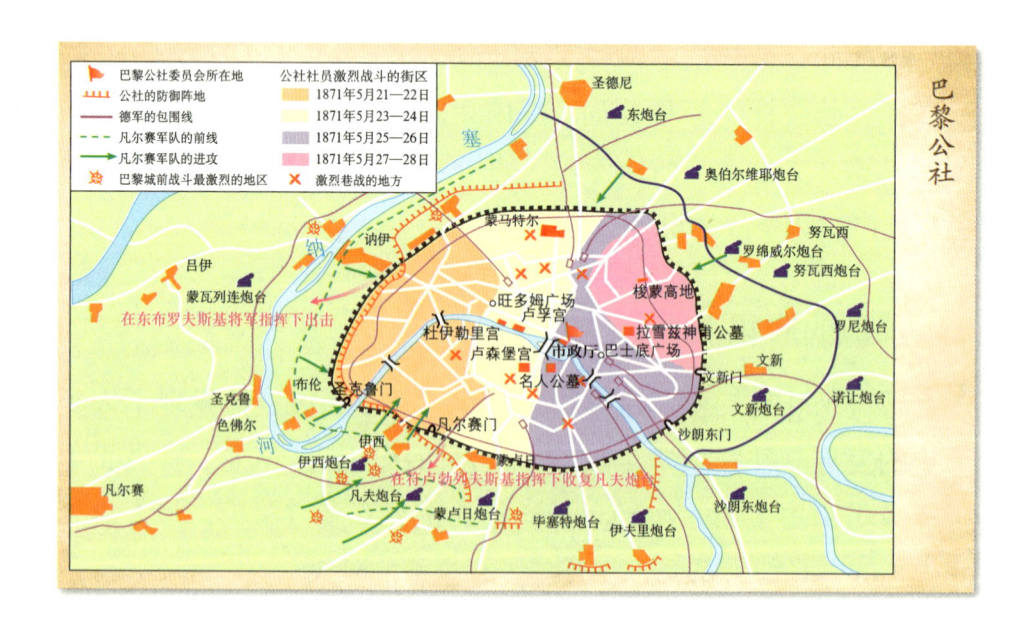

了民主集中制的国家政权，提出并实行了一些建设无产阶级政权和社会改革的措施。

当巴黎人民还在为胜利欢呼时，梯也尔在凡尔赛纠结了反对力量，随时准备发起反攻。与此同时，巴黎公社内部也出现了叛徒。1871年5月21日夜，梯也尔政府的武装力量勾结普鲁士军队攻入巴黎。由于力量悬殊，经过一周的激烈战斗，28日，巴黎公社战士弹尽粮绝，最后的147名社员在拉雪兹神父公墓东北角的墙下全部被屠杀。存在两个多月的巴黎公社失败了。

纪念英雄们

巴黎公社是法国无产阶级在巴黎建立的世界历史上第一个无产阶级专政的工人革命政府，虽然最终以失败告终，但公社社员和战士们用生命和鲜血换来的斗争经验和教训是极其宝贵的，它为后来的无产阶级革命提供了有益的借鉴。作为巴黎公社委员之一的欧仁·鲍狄埃，目睹了公社成员的壮烈事迹，被他们视死如归、英勇不屈的精神感动。公社失败后，鲍狄埃流亡国外，创作出传唱至今的歌词《英特纳雄耐尔》，也就是《国际歌》。1888年，比利时作曲家狄盖特为其谱曲。《国际歌》热情讴歌了巴黎公社战士崇高的共产主义理想和英勇不屈的革命气概。

1889年，第二国际将《国际歌》确定为各国无产阶级共同的战歌。每当庄严雄伟、气势磅礴的《国际歌》响起，人们总会热血澎湃。列宁在为纪念鲍狄埃逝世25周年而作的《欧仁·鲍狄埃》一文中写道："一个有觉悟的工人，不管他来到哪个国家，不管命运把他抛到哪里，不管他怎样感到自己是异邦人，言语不通，举目无亲，远离祖国，——他都可以凭《国际歌》的熟悉的曲调，给自己找到同志和朋友。"

058 南美的"解放者"是谁？

南美解放者杯，是南美洲最大的足球赛事之一。那你知道南美的"解放者"是谁吗？

玻利瓦尔

西蒙·玻利瓦尔（1783—1830年），是19世纪拉丁美洲独立运动的杰出领袖、委内瑞拉民族英雄。1783年，玻利瓦尔出生于委内瑞拉加拉加斯城，少时赴西班牙学习，深受法国启蒙思想的影响。1807年，玻利瓦尔回到委内瑞拉，开始进行反对西班牙殖民统治的斗争。在艰苦的斗争中，玻利瓦尔高喊出："我们在地球的另一边，我们也是整个人类的缩影……我们虽不是印第安人也不是欧洲人，但我们却有属于我们的独特血统。"他宣布解放黑人奴隶，赢得了大量黑人的支持。玻利瓦尔率军翻越安第斯山脉，打败西班牙军队，解放了哥伦比亚、委内瑞拉、厄瓜多尔等地。1819年，"大哥伦比亚共和国"成立了，玻利瓦尔任共和国总统。至此南美洲北部的独立战争全部结束。

对南美人民来说，玻利瓦尔功勋卓著，被人们誉为"南美独立之父"，又被人们授予"解放者"的光荣称号。现在的玻利维亚共和国就是以他的名字命名的。

圣马丁

何塞·德·圣马丁（1778—1850年），阿根廷民族英雄，南美独立战争领袖。1778年他生于阿根廷亚佩尤，少时曾在西班牙求南美的"解放者"是谁？

纪念玻利瓦尔和圣马丁的罗通达纪念碑

学。1812年，圣马丁返回阿根廷，参加反对西班牙殖民统治的斗争。1814年，他被任命为阿根廷北路军司令，后任库约省行政长官，亲自组织、训练"安第斯山军"。1817年，圣马丁率军翻越安第斯山脉，向智利挺进，击溃西班牙殖民军队。1818年，智利宣布独立。1820年，圣马丁率领远征军从海上进攻秘鲁，次年进驻利马，他被推举为"护国公"。1822年，圣马丁与玻利瓦尔在瓜亚基尔会晤，据说二人讨论了解放秘鲁的方案和拉丁美洲独立后实行何种政治制度等问题。不久，圣马丁离开秘鲁，前往欧洲，隐居法国，直到逝世。

圣马丁和玻利瓦尔被誉为南美的"解放者"。圣马丁为南美洲的独立和解放苦苦奋斗，功绩昭彰，被称为南美洲"安第斯山的骑士"、阿根廷"国父"。

059 你知道章西女王的故事吗?

19世纪上半期,印度完全沦为英国的殖民地,英国把印度变为商品销售市场和原料产地。为反抗英国殖民统治,印度人民在1857年至1859年举行了民族大起义。这次起义规模大、地区广,在印度反抗外来侵略的斗争史上是空前的。在轰轰烈烈的印度民族大起义中,印度中部的小城章西涌现出了一位誓死抗英的民族英雄——章西女王拉克希米·巴伊。

继任国王

拉克希米·巴伊(约1828或1835—1858年),出生于印度的贝拿勒斯。她从小学习武艺,非常聪颖、勇敢。17岁时她嫁给了章西王公甘加达尔·拉奥,成了章西王后。1853年,章西王公去世,没有留下儿子,巴伊以章西女王的身份,开始执政。当时,英国殖民者以章西王公没有男嗣为借口,要求兼并章西。女王义愤填膺,她当着英国殖民官吏的面表示:"我决不放弃我的章西!"

反英起义

1857年,英国殖民当局发给印度土兵涂有牛油和猪油的子弹,这大大侮辱了他们的宗教感情,人们的反抗情绪日益高涨,之后印度土兵、农民、手工业者联合起义,起义军夺取了德里。德里起义激发了各地起义的迅速发展,在这个过程中,逐渐形成了以德里、章西等大城市为中心的起义据点。

1857年，印度人为反抗英国殖民纷纷起义。他们用石头和子弹抵御猛烈攻击的英军

1858年6月，章西沦陷后，巴伊率军撤至印度北部的瓜廖尔继续战斗，6月18日，在城郊保卫战中遭遇英军轻骑兵团，她孤军奋战，身中数刀，由于伤势太重，年轻的章西女王牺牲了。章西女王死后，起义失败了，但它沉重打击了英国殖民统治，促使了印度民族意识的觉醒。1858年，英国被迫撤销了英国东印度公司。

印度的"圣女贞德"

年轻的章西女王牺牲了，她的坚定和勇敢，使她成为印度民族大起义中最受爱戴的领导人，她被称为圣女贞德式的英雄。一直到现在，人们仍然以各种方式纪念她，在章西和瓜廖尔都有她策马挥刀的铜像，她的光辉事迹被编成诗歌、小说、戏剧等文学作品。章西女王巴伊，用她的青春和生命谱写了一曲反抗侵略、追求自由的壮烈篇章，她是印度人民的骄傲。

060 俄罗斯历史上被授予"大帝"称号的人是谁？

中世纪俄罗斯的最高领袖被称为沙皇，只有极其重要的人才会被称为大帝，而被称为大帝的，严格地说只有两位：彼得大帝和叶卡捷琳娜大帝。

彼得大帝

彼得一世（1672—1725年），俄罗斯帝国的最初开拓者，史称"彼得大帝"。1697年，他化名秘密出国，在荷兰、英国等地学习考察，回国后在俄国进行全面改革：军事上，按照西欧方式改组陆军，创办海军，夺取了波罗的海的出海口；政治上，改革和健全国家行政机构；经济上，大力推行重商主义政策，鼓励兴办手工工场，允许私人和外国人投资工矿，并聘请外籍专家，引进先进技术；文化教育方面，创办科学院和医学、航海等学校，开设博物馆、图书馆等，创办报纸。这虽是在农奴制基础上的改革，但它对俄国的发展起到了重大作用。俄国军事实

彼得大帝纪念碑

力大增，一跃成为欧洲军事强国。

叶卡捷琳娜大帝

叶卡捷琳娜二世（1729—1796年），俄国女皇。1762年，叶卡捷琳娜发动宫廷政变废黜了彼得三世，成为俄国女沙皇。叶卡捷琳娜在掌握帝国大权之后积极对外侵略扩张，对土耳其发动了两次战争，打通了黑海出海口，侵占了包括克里米亚半岛在内的黑海北岸广大地区，并伙同普鲁士、奥地利三次瓜分波兰，吞并其大部分土地；在对内政策方面，赋予贵族更多特权，积极发展农奴制。叶卡捷琳娜时代，是俄国农奴制度的黄金时代，俄罗斯无论是领土面积，还是人口数量，都是欧洲第一大国，已跨入了世界强国行列。她曾经说过一句非常霸气的话：假如我能够活到两百岁，全欧洲都将匍匐在我的脚下！

15—18世纪俄国疆域的扩张图

铁腕沙皇亚历山大二世为何又被称为"解放者沙皇"?

061

亚历山大二世是俄罗斯历史上著名的沙皇,他是一位思想开明、见识远大的君主,有着"解放者沙皇"之称。这个称号是怎么来的呢?

莫斯科举办亚历山大二世相关主题的展览

农奴制的束缚

18世纪,当资本主义在西欧迅速发展的时候,俄国还是一个盛行农奴制的封建国家。农奴租种地主的土地,向地主缴纳地租并服劳役,农奴没有任何权利和人身自由。19世纪中期,俄国资本主义有所发展,手工工场没落,农村中自给自足的自然经济日益瓦解,落后的农奴制日益成为资本主义发展的束缚。1853—1856年克里米亚战争的失败,充分暴露了农奴制下俄国军事和经济的落后,加深了农奴制危机。战争同时也加剧了俄国国内阶级矛盾,农民运动风起云涌。在这种情况下,沙皇亚历山大二世被迫实行改革。

铁腕沙皇亚历山大二世为何又被称为"解放者沙皇"？

解放农奴

亚历山大认为，与其等农民自下而上来解放自己，不如自上而下来解放农民。1861年，亚历山大二世签署了包括《关于脱离了农奴依附关系的农民的一般法令》等在内的17个文件组成的法令。这些废除农奴制度的法令主要规定有：农民享有一般公民权和人身自由，地主不能随意买卖农民；农民有权拥有财产、担任公职、进行诉讼和工商业活动等；以地主拥有所有土地为前提条件，允许农民得到少量的份地和宅旁园地，不过要缴纳大量赎金给地主；农民要在为地主服劳役或缴纳代役租之后，才能签署赎买契约；成立由地方贵族控制的村社和乡组织；建立对农民进行监督的联保制度等。

以农奴制改革为背景创作的油画《伏尔加河上的纤夫》

"解放者沙皇"真的解放了农奴吗？

亚历山大二世实行的1861年农奴制改革是俄国历史上的一个重要转折点，俄国从农奴制社会逐步过渡到资本主义社会。改革虽然废除了农奴制，但没有触及农奴主的根本利益，因此也就无法保障广大农奴的根本利益，农奴的生活依旧困苦。这次改革并不彻底，俄国仍然保留了大量的封建残余，就像"解放者沙皇"这一名称本身就是一种矛盾的组合，而这些都影响着以后俄国资本主义的发展。

062 棉花是如何引发美国内战的？

1861年，美国南北战争爆发。从战前双方实力来看，北方在人力、物力等各方面对南方都呈现压倒性优势。但令人意想不到的是，战争竟然是南方率先挑起的，他们的底气竟然源自棉花。

引发南北战争的主角

独立战争后，美国建立了联邦制，不过南北两地却大有不同：南方以种植园经济为主，大量使用黑奴劳动；北方则发展了资本主义的自由雇佣制。南北方经济制度的差异导致双方在很多问题上矛盾重重，如资本主义经济发展问题、如何分配西部领土问题、关税问题等。

美国黑白照片：采摘棉花

起初，南方种植园主要种植水稻、小麦等农作物。工业革命兴起后，纺织业蓬勃发展，棉花在全世界成为一种重要的工业原料，尤其是"轧棉机"发明后，棉花的需求迅速增长。南方开始大面积栽种棉花，发展成为棉花王国。但是，南方原有棉田已不能满足市场的需求，大种植园主们想将自己的资产和奴隶都搬往西部尚未开垦的土地去，想要不断扩大棉花种植面积。北方则想在西部发展资本主义经济。到19世纪中叶，这两种对立的经济制度之间的矛盾发展到了不可调和的地步。

此外，南方出产的棉花，除了供应北方纺织厂，还出口到欧洲。内战开始前，棉花已占到美国贸易出口总量近三分之二，每年为美国带来丰厚的利润。而掌管着联邦财政大权和出口管理机构、港口的北方，为了保护本地区的工商业，抵制外国商品输入，主张提高关税；南方为了扩大棉花等原料出口，换取英国廉价的工业品，反对提高关税。南北方针锋相对，互不相让。

南北战争爆发

1860年，共和党候选人亚伯拉罕·林肯当选为美国总统，他积极反对黑奴制度，主张对关税进行保护。为了不被北方牵制，南方各州采取行动先发制人，宣布与北方分裂。1861年4月，美国内战爆发。初期，由于低估了南方的势力，北方在战争中屡次失利。1862年，联邦政府颁布了《宅地法》和《解放黑人奴隶宣言》，获得农民和黑人奴隶的支持，促使内战向有利于北方的方向发展。1863年的葛底斯堡战役扭转了北方的劣势。1864年，北方军队围攻"南部同盟"的"首都"里士满。1865年，南方投降。这场由棉花引发的美国内战以北方的胜利而结束，美国恢复统一。

063 美国总统山上是哪四位总统的雕像？

拉什莫尔山，也叫做"总统山"，位于美国南达科他州。山上刻有华盛顿、杰斐逊、林肯、罗斯福四位总统的巨型雕像。石像的面孔高约 18 米，鼻子约有 6 米长，华盛顿肖像是四个肖像中唯一的胸像，其余三人只雕出了头部形象。美国这么多总统，为什么只有他们四个被人们雕刻在总统山上纪念呢？

"美国国父"华盛顿

乔治·华盛顿（1732—1799 年），美国第一任总统，美国开国元勋之一。他在 1775—1783 年美国独立战争时任大陆军总司令，领导美国人民赢得了独立。1789 年，他得到全体选举团的无异议支持，成为美国第一任总统。他开创了美国的未来，首都华盛顿就是以他的名字命名的。

"美国民主之父"杰斐逊

托马斯·杰斐逊（1743—1826 年），美国第三任总统，也是美国开国元勋之一。1776 年，他参与起草了《独立宣言》，推动了美国独立战争的发展。1801—1809 年，杰斐逊任总统期间，使美国领土扩大近一倍；同时他还进行民主改革，为美国资本主义的迅速发展创造了条件。

"伟大的解放者"林肯

亚伯拉罕·林肯（1809—1865 年），美国第十六任总统，于

美国总统山

1860 年 11 月当选。林肯就任后不久，美国内战爆发。战争初期，北方频频失利，但林肯领导的联邦政府采取一系列措施，逐渐扭转了战局。1865 年，北方取得了美国内战的胜利。同年 4 月，林肯被歹徒刺杀。林肯在美国内战中废除了奴隶制，颁布了《宅地法》《解放黑人奴隶宣言》。

"现代美国的塑造者"罗斯福

西奥多·罗斯福（1882—1945 年），美国第二十六任总统，人称"老罗斯福"。1901 年，42 岁的罗斯福成为总统，是迄今为止美国历史上最年轻的总统。在总统任期内，罗斯福对内以"改革家"面貌出现，建立资源保护政策，建立公平交易法案，推动劳工与资本家和解；对外奉行门罗主义，实行扩张政策，建设强大军队，干涉美洲事务。罗斯福因成功地调停了日俄战争，获得 1906 年的诺贝尔和平奖，是第一个获得此奖项的美国人。他在任职期间促进了美国现代化发展。

064 黑船事件是怎么回事？

19世纪50年代，日本社会流传着这样一句诗歌："上喜撰唤醒太平梦，喝上四杯就难再眠。""上喜撰"是日本的一种传统茶壶，日本人从来没有见过蒸汽船，所以他们就用同样喷气的茶壶来代称。这句诗歌真正地说明了当时日本人对"黑船事件"的看法。"黑船事件"是怎么回事呢？

闭关锁国

1633年，德川幕府颁布"锁国令"，日本开始"闭关锁国"。德川幕府规定：禁止天主教在日本传播，禁止日本人出国，禁止国外的日本人回国，同时与西班牙、葡萄牙等国断交，只允许两个国家在长崎通商，即中国和荷兰。与中国通商是由于两国历史渊源关系和供求关系。与荷兰通商一方面是因其承诺绝不传教，另一方面是因为与天主教无关的西洋科技在日本很受重视，在日本国内形成了一股"兰学"风潮。"兰学"从表面上看是研究"荷兰的学术"，其实是指整个西洋学术。

黑船来航

1853年7月8日，美国准将马休·培里率领的四艘蒸汽战舰出现在日本江户湾的海面上，这四艘军舰都是木制船身，外表涂上了为了防止生锈的黑漆，并配有多门各口径大炮。当时的日本人，看到这种军舰时震惊不已，将其称之为"黑船"。这一天，史称"黑船来航"。

培里要求幕府接受美国总统致"日本皇帝（将军）"的国书，结束锁国政策，并缔结通商条约。日方朝野一片惊慌，江户幕府被迫屈服，在浦贺附近的久里接受了美国总统的国书，日方回应要请示天皇，还要跟各地亲藩势力商议，约定次年春予以答复。培里答应了，7月17日率队离开浦贺，临走前，还献上了礼物——日本没有的火车机车模型和电报机。

明治维新前的日本

1854年2月，培里带领了七艘军舰深入江户湾内部，要求日本兑现承诺。这一次，日本躲不掉了，被迫与美国签订了不平等条约《日美亲善条约》（又称《神奈川条约》），条约主要内容有：日本同意对美国开放下田、函馆两处港口，美国舰船可以在这两个地方进行物资补给，给予美国最惠国待遇。在这一条约签订后，荷、俄、英、法相继效仿美国，先后与日本签订类似条约。日本延续200多年的"锁国"政策没有锁住国门，闭关的美梦破碎了。

"黑船来航"把日本从锁国状态之中惊醒了，之后日本国民发起了倒幕运动，推翻了幕府统治，开始了明治维新，开启了日本历史的新纪元。

065 为什么说明治维新是日本狂飙之路的开端？

在世界近代历史中，几十个亚洲国家里，为何只有国土狭小、资源贫乏的日本由封建国家发展成为资本主义国家，并逐步跻身于世界资本主义强国之列？这源于19世纪下半叶日本的一场资产阶级改革运动，史称"明治维新"。

倒幕派的成功

1868年初，以西乡隆盛、大久保利通、木户孝允等人为代表的倒幕派在京都发动政变，宣布"王政复古"的诏书，废除幕府将军，建立中央集权的明治政府。同年5月，他们消灭了幕府残余势力，结束了260多年的德川幕府的统治。

倒幕运动

明治天皇的"明智"

1868年，明治天皇改江户为东京，以天皇为首的新政府颁布了具有政治纲领性质的《五条誓文》。该施政纲领强调要"万事决于公论""破除旧来之陋习""求知识于世界"。从1868年到1873年，明治政府开展了大刀阔斧的维新运动。一方面推行新政，使以天皇为首的新政权得以稳固；另一方面学习西方强大国家，大力发展资本主义，建设近代化的独立国家。

政治上的改革措施包括，废藩置县，全国设立三府七十二县，地方官吏由中央指派，加强中央集权；废除封建身份制度和取消武士特权。

经济上的改革措施包括，一方面，推行地税改革，从法律上废除了幕藩封建领主的土地所有制，确立以土地私有权为标志的近代土地所有制；另一方面，以"殖产兴业"为口号，大力发展近代经济，积极开展对外贸易。

文化上的改革措施包括，提倡"文明开化"，进行教育改革和社会改革；通过颁布《教育令》《帝国大学令》等一系列教育法令，在日本确立近代教育制度，同时积极引进西方先进科学技术，派遣留学生，培养高级科技人才。明治政府对社会风俗、生活方式也予以关注，倡导西方人的生活方式。

军事上的改革措施包括，实行征兵制，建立对天皇绝对忠诚的新式军队，为对外扩张做积极准备。

日本的转折

明治维新成为日本历史的重大转折点，使日本从一个闭关自守的封建国家，成为先进的资本主义国家和世界近代史上亚洲唯一的民族独立国家。但由于改革不够彻底，保留了浓厚的封建残余，军国主义色彩浓厚。20世纪左右，日本逐步走上了对外侵略扩张的道路，成为亚洲地区的战争策源地。

066 目前世界上获得发明专利最多的科学家是谁？

托马斯·阿尔瓦·爱迪生（1847—1931年），世界著名的发明家、物理学家、企业家，被誉为"世界发明大王"，他一生的发明共有两千多项，拥有专利一千多项。

1893年爱迪生在他的实验室里

"电气时代"最伟大的发明家

1868年，爱迪生的第一个发明——投票计数器问世了，他获得了第一项专利。1876年，爱迪生一家迁至新泽西州的门罗公园，他建立了世界上第一个工业研究所,被称为"发明工厂"。在这里,爱迪生将自己的发明才能发挥到了极致,他改良了英文打字机,发明了二重、四重电报等。

爱迪生利用电话传话器里的膜板随着说话声会引起震动的现象,拿短针作了试验。1877年,他最终发明了留声机。留声机的出现在当时轰动了世界,外界称他为"科学界的拿破仑·波拿巴"。1878年,爱迪生开始研究电灯,历经13个月的时间,爱迪生做了200多本笔记,长达4万多页,试验过几千种材料,时常通宵达旦。有一次他和助手们竟连续工作5昼夜。1879年,在一次偶然的机会下,爱迪生将棉线烧成炭丝装进灯泡,通电后灯泡发出了亮光,并持续了45小时。但是爱迪生并没有止步于此,他认为45个小时还是太短了。此后,经过不断改进,他又找到了新的发光体——日本竹丝。其发光时间可持续1000多个小时,达到了耐用的目的。

1882年,爱迪生在纽约创办世界第二座火电厂,建立起纽约市电灯照明系统。电照明的实现,大大改善了人们的生产劳动条件,预示着日常生活电气化时代即将到来。1883年,他发现了被称之为"爱迪生效应"的热电子发射现象。爱迪生还研制出了摄影机,该摄影机是近代电影摄影机的始祖。1914年,爱迪生用留声机和照相机制成最早的有声电影系统。

爱迪生不仅在各种新式电器上有所成就,还发明过几十种武器。终其一生,爱迪生共获1093项发明专利权。为了研发新的创造,爱迪生一生经营过许多公司,所以他也是一位资深的企业家。

爱迪生一生痴迷于发明创造,他在电力开发、电器制造和推广电能应用等方面的卓越成就,使他成为人类历史上最伟大的发明家之一。爱迪生为人类文明的发展做出了巨大的贡献。

067 | 你知道第一辆现代意义上的汽车起源于一台"三轮车"吗?

毫无疑问,汽车对于现代生活的影响是巨大的,因为它极大地改变了人们的日常生活。你知道第一辆现代意义上的汽车起源于一台"三轮车"吗?

第一辆现代意义上的汽车

现代汽车是伴随着内燃机的发明而出现的。1876年,德国人奥托制造了第一台煤气内燃机,并申请了专利,内燃机的发明促进了新型动力汽车的研制。

现代意义上的汽车的发明者是德国的卡尔·本茨和戈特利布·戴姆勒。1879年,本茨成功研制了火花塞点火汽油机,使发动机获得了令人惊叹的速度。后来,本茨将火花塞点火汽油机装在了一辆三轮车上,车子由金属管构架,具备了一些现代汽车的特点,如火花点火、水冷循环、钢管车架、钢板弹簧悬架、后轮驱动、前轮转向和制动手把等,它其实是世界上第一辆真正的汽车。1886年1月29日,本茨为其第一辆三轮汽车申请了专利,这一天被人们确定为汽车的诞生日。本茨的第一辆三轮汽车的诞生具有划时代的意义,改变了人类传统的"行"的

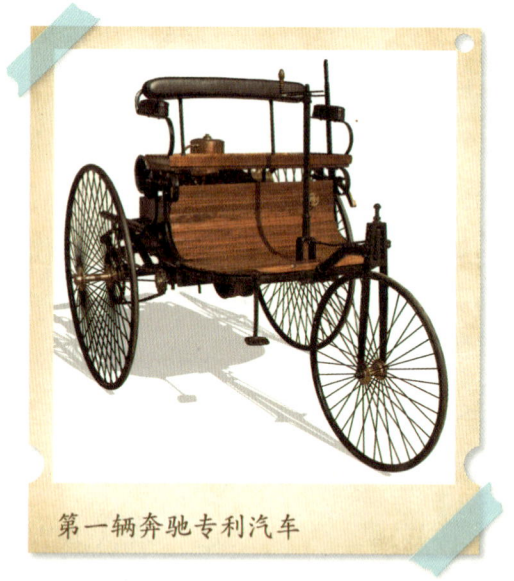

第一辆奔驰专利汽车

你知道第一辆现代意义上的汽车起源于一台"三轮车"吗？

方式，开启了个人交通运输的新纪元。

就在本茨发明三轮汽车的同时，1886年8月，另一位德国工程师戈特利布·戴姆勒以妻子43岁生日礼物的名义，订购了一辆四轮马车。他将改进了的第一台立式发动机装在这辆马车上，采用皮带轮传动，从斯图加特开到了坎什塔特，这就是世界上第一辆四轮汽车。

本茨和戴姆勒是世界公认的以内燃机为动力的现代汽车的发明者，人们将他们誉为"现代汽车之父"。

汽车时代到来

汽车的普及，离不开福特汽车公司的创建者亨利·福特。19世纪末20世纪初，汽车价格昂贵，操作复杂，数量很少。在这种情况下，福特引进流水线开始生产T型汽车，效果十分显著。汽车的各个部件在不同车间里生产出来，然后以精确的时间被送到连续运转的主传送带上。一辆汽车从开始到完成最后的拼装只需93分钟。福特的流水线生产的T型汽车价格便宜、性能优越，因而销量大增。汽车在人们的生活中逐渐普及开来，大大改变了人们的生活方式和生活节奏，"汽车时代"随之而来。

1946年，亨利·福特和福特太太一起坐在他1896年制造的第一辆汽车里

068 你知道诺贝尔奖的起源吗？

诺贝尔奖源自一位叫做阿尔弗雷德·贝恩哈德·诺贝尔（1833—1896年）的科学家，每年评选和颁发一次，包括一枚金质奖章、一份证书以及一笔奖金。诺贝尔奖是举世瞩目的大奖。那么，你知道诺贝尔的主要成就吗？诺贝尔奖又是如何设置的呢？

"炸药大王"诺贝尔

1833年10月21日，诺贝尔生于瑞典斯德哥尔摩，他的父亲是位发明家和实业家。幼年时他同父亲一起侨居俄国，接受家庭教师的教育，后到欧洲和美国求学。受父亲影响，诺贝尔从小就热衷于发明创造，16岁时，诺贝尔已成为优秀的化学家。

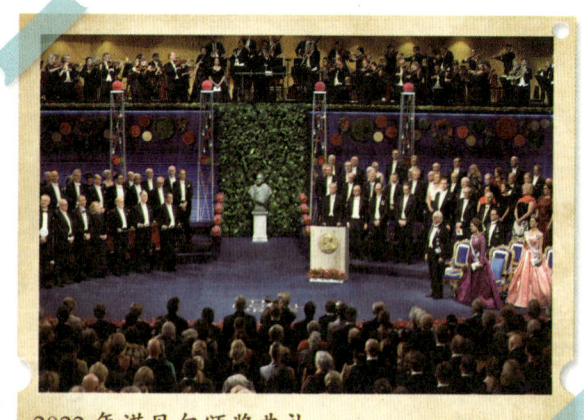

2022年诺贝尔颁奖典礼

回瑞典后，诺贝尔于1859年开始研究硝化甘油。1860年，他在斯德哥尔摩市郊建起了一座研究硝化甘油的实验工厂。1864年工厂爆炸，包括诺贝尔的弟弟在内的五人，在这场爆炸中惨死，父母悲痛欲绝，公众也对诺贝尔采取敌对态度，但他没有被眼前的困境压倒，继续投入研究中。他决定发明一种更易于操作的、比较安全的炸药。在反复研究的基础上，诺贝尔研制出了以硅藻土为吸收剂的安全炸药——"达纳炸药",这使人们对诺贝尔炸药的安全性解除了疑虑。1875年,他又研制成功了"炸胶"(火棉与硝化甘油混合物),这种胶状物不仅有高度的爆炸力,而且更加安全。1887年,诺贝尔又发明了无烟炸药,这种炸药不仅便宜,而且可以无限期储存。爆炸胶和无烟炸药被认为是世界炸药史上最杰出的发明,诺贝尔成为名副其实的"炸药大王"。

"诺贝尔奖"诞生

诺贝尔一生不仅拥有极多的发明专利,在世界各地拥有许多公司和工厂,而且拥有诸多财富和名誉。诺贝尔是一个有使命感的和平主义者,在遗嘱中,他将大部分的财富用来设立了一个年度奖基金,用以奖励全世界在物理学、化学、生理学或医学、文学及和平事

诺贝尔奖牌正面印着诺贝尔的肖像

业中"对人类做出巨大贡献"的人,这就是诺贝尔奖。该奖项于1901年第一次颁发。1968年起,瑞典中央银行增设"瑞典国家银行纪念诺贝尔经济科学奖"。诺贝尔奖每年在诺贝尔逝世日12月10日颁发。每一个奖项可发给一个人,也可由二三人分得。如当年无适当人选也可不发。除和平奖由挪威议会五人委员会评定外,其他各奖项均由瑞典有关科研机构评定。

诺贝尔奖,如今已成为世界上首屈一指的奖励基金,是对人类最高智慧的鼓励和奖赏,激励着每一位为人类做出贡献的杰出人物。诺贝尔的名字,也和人类在科学探索中取得的成就一起永远地留在了人类社会发展的文明史册上。

069 为什么说工业革命后的世界"是最好的时代,也是最坏的时代"?

工业革命是人类历史上最重大的事件之一,英国文学家狄更斯曾这样描述工业革命发生后的世界:"这是最好的时代,也是最坏的时代。"为什么会有这样的说法呢?

这是最好的时代

工业革命在人类历史上开创了一个全新的工业时代,给人类生活的各个领域带来了重要的影响。工业革命中涌现出的发明,深刻地影响着人们的生活内容和生活方式。出行可以乘坐火车、轮船、汽车,交通更加便利快捷;通信可以用电报,也可以用电话直接交谈,加强了人与人之间的交流;日常生活中,可以用电灯照明,看看无声电影,听听留声机……工业革命的成果,一方面丰富了人们的物质生活,另一方面也满足了人们的精神需求。

同时,工业革命加速了城市化进程,大量的农村人口不断涌入城市,城市规模越来越大。与过去相比,城市有了更舒适的环境,人们的生活条件、医疗条件明显提高了,人类的死亡率不断

火车改善了人们的出行方式

下降，人口迅速增长。除此之外，教育也逐步得到重视。为了社会安定和发展，欧美国家政府开始推广大众教育，让穷人接受教育，提高了各国大众的文化水平，促进了社会发展；妇女地位有所改善，她们享有财产权，就业和教育机会也增多了。

也是最坏的时代

工业革命在改善人们生活条件、提高人们生活质量的同时，也带来了许多问题。工业革命加速了世界上煤炭、石油等不可再生资源的消耗；工厂直接把有害气体排放到空气中，把废水排放到饮用水中，导致一些人感染疾病；原材料的巨大需求，使很多国家及地区的植被遭到严重破坏，生态平衡被打破，甚至部分物种因此灭绝。

此外，工业化、城市化带来了巨大的社会财富，但是这些财富聚集在少数资本家手中，工人阶级在高强度的劳动中获得很少的收入，生活贫困社会贫富分化加剧，阶级矛盾越来越尖锐。

19世纪钢铁工业的烟囱

070 牛顿主要有哪些成就？

英国大诗人亚历山大·蒲柏曾经写下这样的诗句："自然界和自然规律隐藏在黑暗中；上帝说，'让牛顿出生吧！'于是一切都是光明。"牛顿为人类进步所做的贡献是十分巨大的，他被称为近代自然科学的奠基人之一。

牛顿生平

艾萨克·牛顿（1643—1727年），是英国伟大的物理学家、数学家、天文学家和自然哲学家。1643年牛顿出生于英格兰林肯郡，1661年进入英国剑桥大学三一学院学数学。1665年获得学士学位后，在家乡躲避瘟疫的两年里，他规划了一生大多数重要科学创造的蓝图。1667年，牛顿回剑桥后读研究生，次年获硕士学位。1669年，他

艾萨克·牛顿

被授予卢卡斯数学教授席位。1689年和1701年，牛顿两次作为剑桥大学代表被选入议会。1703年，他出任英国皇家学会会长，1706年，他被安妮女王封为爵士。他晚年潜心于自然哲学与神学。1727年3月31日，牛顿在伦敦病逝，被葬于威斯敏斯特教堂的公墓里，他是英国历史上第一个有国葬待遇的自然科学家。

伟大成就

牛顿被誉为人类历史上最伟大的科学家之一。力学方面，他在伽利略、开普勒和惠更斯等人研究的基础上，总结出了著名的万有引力定律和机械运动的三大基本定律，创立了经典力学体系。为了纪念他在经典力学方面的杰出成就，"牛顿"后来成为力的计量单位。他的万有引力定律为日心说提供了有力的理论支持，使自然科学的研究最终挣脱了宗教的枷锁。

在数学方面，牛顿发现了二项式定理，创立了微积分学说。

在光学方面，牛顿致力于色的现象和光的本性的研究。1666年，他用三棱镜分析日光，发现白光是由不同颜色（即不同波长）的光构成，为光谱分析奠定基础，并制作了牛顿色盘。1675年，他观察到牛顿环。

在天文学上，1671年牛顿制作了世界上第一架反射望远镜，初步考察了行星运动规律，解释了潮汐现象，预言地球非正球体，并由此说明岁差现象等。

1687年，牛顿的著作《自然哲学的数学原理》出版，该书从各种运动现象探究自然力，再用这些力说明自然现象，无论在物理学、数学，还是在天文学和哲学等领域都产生了巨大影响，这部著作被认为是古往今来最伟大的科学著作之一。

牛顿把他的整个生命和毕生精力都献给了科学事业，在物理学、天文、力学、神学等方面都有所成就，所以他荣获了"力学之父""现代科学之父"以及"近代物理学之父"的称号，被誉为百科全书式的"全才"。

牛顿著作《自然哲学的数学原理》

071 你知道达尔文其人其事吗？

生物进化论打破了千百年来"上帝创造万物"的神创论，在生物科学领域中掀起了一场伟大革命，提出生物进化论的便是英国生物学家达尔文。

达尔文肖像和《物种起源》

环球之旅

1831年，22岁的达尔文以博物学家的身份登上了"贝格尔"号海军勘探船。开始了历时五年的环球考察。在这五年中，他跋山涉水，进入深山密林，走过幽深的草地，采集标本，挖掘化石，进行了大量的观察和采集，认真研究所到之处的动植物、矿物、地质等，将化石动物和现存动物比对，以敏锐的观察力探索大自然。他开始对圣经上"形形色色的生物，都是上帝制造出来，而且物种是不变的"的说教，产生了怀疑。通过对采集到的各种动物标本和化石进行比较和分析，他认识到物种是可变的。由此，他逐步摆脱"神创论"的束缚，坚定地走上了相信科学和追求真理的道路。最后，他提出了"物种逐渐变化"的大胆假设，摒弃了物种不变的说教。

你知道达尔文其人其事吗？

达尔文环球考察示意图

进化论

环球航行结束了，达尔文带回了大量的"宝藏"：动物学笔记、地质学笔记、日记、五千多种物种标本。1859年，达尔文写出了生物史上划时代的巨著——《物种起源》。这部巨著用大量证据证明了在自然选择下物种的进化规律，指出物种经历了由低级到高级、从简单到复杂的演变过程，用大量事实证明了"自然选择"对生物进化的重要作用，生物的发展和进化是遗传变异、生存斗争和自然选择的结果，而不是神的意志决定的，人类也是进化来的不是上帝创造的。达尔文的进化论，是射向"上帝创造万物"的"神创论"的一柄利剑，第一次把生物放在完全科学的基础上进行研究。马克思说，这本书实际上也为历史上的阶级斗争提供了"自然科学根据"。

072 为什么列宁称托尔斯泰为"俄国革命的镜子"?

列夫·托尔斯泰是俄国批判现实主义作家、思想家,他的作品反映了在社会转型时期,俄国农民既想反抗又找不到出路的状态,所以托尔斯泰被列宁称为"俄国革命的镜子"。

列夫·托尔斯泰

早年经历

列夫·托尔斯泰(1828—1910年)出身于贵族家庭,1844年起在喀山大学学习,大学期间他大量阅读哲学、文学方面的书籍并受到卢梭的哲学思想影响。后来他在高加索从军,在服役的五年中,托尔斯泰读了很多文学作品并开始文学创作。

作品深刻反映现实

托尔斯泰一生中创作出多部作品,其中《战争与和平》《安娜·卡列尼娜》和《复活》深刻描绘了俄国的社会生活和历史运动。《战争与和平》以1812年拿破仑入侵俄国为题材,展现俄国人民反对入侵者的斗争,作者的笔触伸向俄国广阔的生活领域。

全书结构宏大，人物众多，但个性鲜明。此书一经问世，便在俄国文坛上引起了空前的轰动，是19世纪欧洲文学中的重要作品之一。《安娜·卡列尼娜》通过安娜追求自由爱情的悲剧和青年地主列文改革社会失败的悲剧两条主线，深刻反映了农奴制度改革后的俄国社会现实。《复活》批判贵族社会的腐败，法庭和政府的黑暗，讲述了原本为农奴女儿的玛斯洛娃沦为妓女、被诬杀人的悲剧，以及贵族涅赫留朵夫公爵良心发现、忏悔赎罪求得精神上的"复活"的情节。这部著作是托尔斯泰花费十年时间创作的，它集中宣传了"托尔斯泰主义"，以其卓越的现实主义风格成为世人皆知的经典著作。托尔斯泰的小说反映了在社会转型时期俄国农民既想反抗又找不到出路的状态，所以列宁称托尔斯泰是"俄国革命的镜子"，是具有"最清醒的现实主义"的"天才艺术家"。

托尔斯泰主义

在文学创作和社会活动中，托尔斯泰提出了"托尔斯泰主义"，即对现实的无情批判、"勿以暴力抗恶""道德自我完善"等观点。他的思想中充满着矛盾，他的作品一方面抨击俄国沙皇专制、地主对农民的残酷压榨以及新兴资本主义势力的种种罪恶，另一方面又宣传对恶不抵抗，否定暴力革命，宣扬道德上的博爱。这种矛盾正是对俄国社会错综复杂的矛盾的反映。他的思想深深影响了很多政治运动。

列夫·托尔斯泰把一生献给了人类精神文学的创作，是无比伟大的，他用自己一生的时间去刻画自己眼中的俄国。如高尔基所说："不认识托尔斯泰者，不可能认识俄罗斯。"

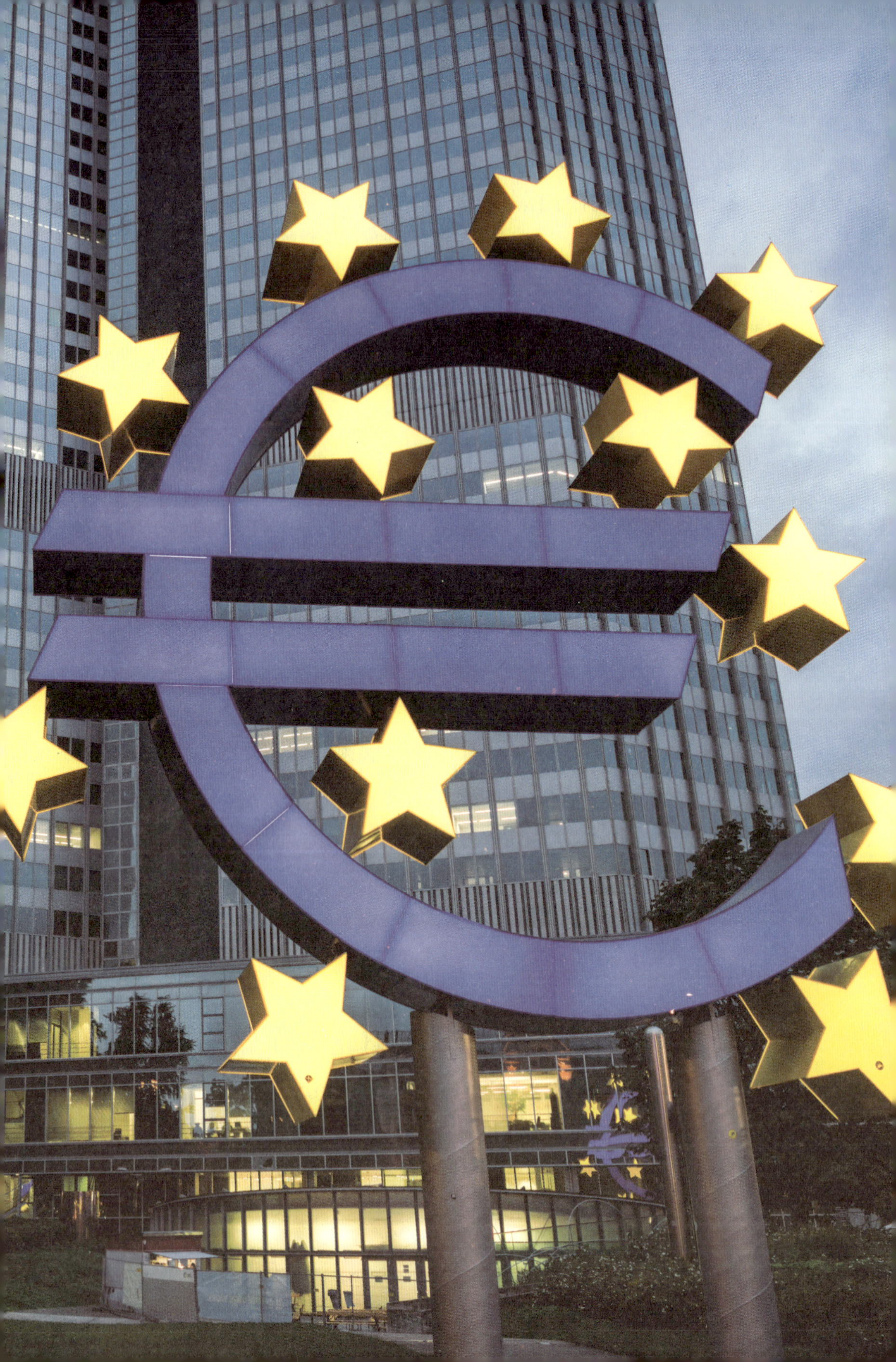

现代卷

1917 年至今

073 | 20世纪初点燃"欧洲火药桶"的"火星"是什么？

一位美国历史学家在评价20世纪初的欧洲形势时说："欧洲变成一只'火药桶'，只等一粒火星将它引爆。""欧洲火药桶"指的是哪里？"一粒火星"又是指的什么呢？

欧洲火药桶

巴尔干半岛位于欧洲东南部，是欧洲大陆伸向地中海的三大半岛之一（另外两个是亚平宁半岛和伊比利亚半岛）。巴尔干半岛地处亚欧非三大板块交界处，靠近地中海重要航线，地理位置十分重要。半岛上生活着希腊人、阿尔巴尼亚人等，民族成分复杂；半岛曾经受到罗马帝国、拜占庭帝国、奥斯曼帝国等外来势力的统治，宗教信仰复杂。到19世纪70年代，巴尔干半岛上的塞尔维亚等国从奥斯曼帝国统治下解放出来，奥匈帝国控制着的波斯尼亚和黑塞哥维那想并入塞尔维亚，奥匈帝国予以打击，而俄国为打通自己的海路假意支持，俄奥在巴尔干问题上矛盾尖锐。德国为了破坏英国通往印度的交通线，也积极插手巴尔干事务，英法不愿他国势力在此过于强大而卷入角逐。俄奥矛盾、英德矛盾、法德矛盾、巴尔干半岛内部的矛盾不断激化，整个半岛动荡不安，成为"欧洲火药桶"。

一粒火星

奥匈帝国在巴尔干半岛的扩张受到了塞尔维亚的阻碍，所以下决心要铲除它。1914年，奥匈帝国皇储斐迪南大公决定在波斯

斐迪南大公夫妇在萨拉热窝

尼亚境内靠近塞尔维亚的边界地区进行军事演习。这次演习以塞尔维亚为假想敌，时间选在1914年6月28日——塞尔维亚的"国耻日"。奥匈帝国的这一挑衅行动，极大地激怒了塞尔维亚人民。6月28日上午，塞尔维亚族青年普林西普埋伏在萨拉热窝一处狭窄的街道旁，当乘坐敞篷汽车的斐迪南大公夫妇经过时，他径直将大公夫妇开枪击毙。这就是著名的萨拉热窝事件。这次事件对于一直想吞并塞尔维亚的奥匈帝国来说，是一个绝好的借口。德皇威廉二世得知这一消息后，竟然高兴地嚷道："这是千载难逢的机会！"1914年7月28日，在德国的支持下，奥匈帝国正式向塞尔维亚宣战。在接下来的短短几天时间里，三国同盟和三国协约这两大军事集团纷纷卷入战争。就这样，萨拉热窝的枪声犹如一粒火星，引燃了第一次世界大战。

074 你知道"一战"战场上敌对双方踢了一场"友谊足球赛"吗？

1914年，奥匈帝国皇储斐迪南大公在萨拉热窝被塞尔维亚族青年普林西普刺杀，第一次世界大战爆发。协约国与同盟国展开了激烈厮杀。炮声隆隆，杀声震天，双方恨不能立刻致对方于死地。至当年冬天，双方在西线已经经历了四个多月的厮杀，在付出了重大伤亡后，均未能达到速战速决的目的，而且都有些精疲力竭，不得不转为阵地战。双方挖掘了大量堑壕，隔着堑壕进行对峙。

足球与节日

1914年12月24日，圣诞节的前一天，不得不待在堑壕里的士兵们认识到，不能回家过圣诞节了。虽然战争进行了不到半年，但是它的残酷性，已经使人不寒而栗。西线战场的夜晚，零星的炮弹爆炸和射击的声音不时响起，但与以往的战地之夜不同，据说24日的夜里，对峙的英德两军的战壕里不约而同传出圣诞歌合唱。两军的士兵甚至走出战壕，来到中间的无人区，进行近距离的接触，双方约定，第二天都不向对方开枪。这样的停战，迅速在西线蔓延开来。《泰晤士报》等媒体近年来的报道往往会提到根据某位在场军官或士兵的记述，1914年冬天，德军和英军在比利时西部边陲的伊普尔举办了短暂的圣诞休战，随后还举行了足球友谊赛。德国和英国士兵在圣诞节前，纷纷放下武器，走出堑壕，在一块"无主之地"开展了一场没有裁判和比分的足球比赛。这场球赛成为人们祈愿和平的象征。英国甚至据此事件改编了一部电影《今夜无战事》。

战争的残酷

虽然第一次世界大战期间的战场上，这种战场体育精神带来的传奇色彩和偶然的短暂休战弥足珍贵，但这掩盖不了战争是残酷和血腥的事实。例如，圣诞休战足球赛的那些士兵们，在堑壕中长期生活，环境极为恶劣，堑壕积水后变成烂泥坑，士兵们和老鼠、虱子各种害虫生活在一起，疾病横行。士兵们为了保命别无选择，只能待在低于地面的堑壕里，忍受腐烂尸体的气味，活人排泄物、生活垃圾、体味、香烟和其他可怕的气味。这是一种对身体和精神的双重折磨，常常让士兵感到崩溃。

"一战"耗时4年之久，参战国家有30多个，15亿人卷入战争，人员死伤数超过3000万。第一次世界大战是人类历史上一次规模空前的战争，是帝国主义列强为瓜分世界、争夺霸权而发动的。这场战争流血极多、代价极高，成为不计其数的士兵的噩梦，也给各国的人民带来了灾难，造成了不可估量的经济和精神损失，它使欧洲走向衰退，"使全人类临近深渊，使全部文化濒于毁灭，使千千万万的人粗野和死亡"。

1914年，圣诞节休战期间，士兵们在无人区踢足球

075 "一战"中交战双方使用了哪些新式武器？

1914年，"一战"爆发，战火弥漫整个欧洲，协约国与同盟国的殊死较量也使战场上出现了很多划时代的高科技武器。那么，一战中，主要有哪些新型武器首次亮相呢？

坦克

"一战"期间，参战国为突破由堑壕、铁丝网、机枪火力点组成的防御阵地，为打破阵地战的僵局，迫切需要研制一种火力、机动、防护三者有机结合的新式武器，被誉为"陆战之王"的坦克因此诞生。1915年，英国福斯特工厂利用汽车、拖拉机、枪炮制造和冶金技术，制造出一种奇特的钢铁战车，出于保密称其为"水柜"(tank)，中文发音就是"坦克"。1916年的索姆河战役中，英国出动了数十辆新制成的坦克进攻德军。虽然在当时这种坦克时速只有6千米，还不完善，但它们横冲直撞，将德军阵地堑壕碾平，将阵地上的枪炮碾坏，而德军的步枪却无法对其造成任何伤害。

索姆河战役中英国出动的坦克

"一战"中交战双方使用了哪些新式武器？

对此，德军大为惊恐。这就是英军，也是世界上第一次将坦克运用于战场的情况。坦克的问世和使用，标志着陆军机械化时代的开始，在军事史上具有极其深远的意义。

飞机

1903年，美国莱特兄弟设计制造的飞机试飞成功，飞机的出现改变了人类的交通方式，同时也改变了战争的历史。

"一战"爆发前，飞机的主要任务是侦察、通信、校正炮兵射击等。1912年，美籍俄裔飞机设计师伊格尔·西科尔斯基研制成世界上最早的4发动飞机"俄罗斯勇士"号。第一次世界大战爆发后，西科尔斯基将其改装为当时世界上最大的重型轰炸机，并为其命名为"伊里亚·穆罗梅茨"号，将其成批生产并投入使用。

"一战"时的飞机

"一战"期间，轰炸机得到迅速发展和广泛应用。除了轰炸机，还有在飞机上安装固定机枪专门进行空中格斗的歼击机、对地作战的强击机等。一战中，交战双方用于作战的飞机有十几万架之多，在此期间，战斗机从诞生到发展，逐渐成为战争的一支重要力量。

除了坦克和飞机，毒气、飞艇、潜水艇等也出现在了"一战"的战场上。

076 "一战"中的凡尔登战役为什么被称为"绞肉机"？

"一战"初期，在西线战场，英国、法国、比利时军队与德军对抗，德军先后侵入卢森堡、比利时等国。1914年8月20日起，近百万德军兵分五路进攻法国北部，法军招架不住，只得与英国远征军一起向后撤退。之后德国从东南方向进攻巴黎。德军进入法国后，受到英法联军的全力反击，南进德军主力的处境变得极其艰难。1914年9月9日，德军第一、第二集团军被迫撤到马恩河以北至凡尔登一线。

德军抢夺"巴黎钥匙"

凡尔登是法国东北部的一座小城，虽然规模不大，但它是德国通往巴黎的交通要道，素有"巴黎钥匙"之称。德军对凡尔登志在必得，认为凡尔登是通往巴黎和法军阵地的枢纽，是协约国西线的突出部分，对深入法国、比利时边境内的德军有很大威胁。从1915年年底开始，大批德军开往凡尔登，到1916年年初，驻扎在凡尔登附近的德军数量达到了10个师。1916年2月21日，德军向凡尔登大举进攻，一天之内向法军防线下的三角地带倾泻了一百多万发炮弹和燃烧弹，炮火摧毁了凡尔登的战壕，烧光了附近的森林，削平了山头，整个法军的防线笼罩在浓烈的硝烟之中。法军寡不敌众，凡尔登危在旦夕。

法军苦战

为了保住凡尔登，法国政府任命已年过六旬的贝当将军为凡尔登防守司令官。抵达凡尔登后，贝当命军队严防死守，同时抓紧抢修运输通道。在短短一周的时间里，他组建了一支9000人的运输队，调集了3900辆汽车，依靠一条二等公路，向凡尔登运来了19万援军、2万多吨军火。法国援军到来后，法军逐渐掌握了战争的主动权，防线很快稳定，从8月起开始局部反攻。到12月中旬，法国收复了此战役开战以来失去的全部阵地。12月18日，凡尔登战役以法军获胜而宣告结束。

凡尔登"绞肉机"

凡尔登战役是第一次世界大战中持续时间最长、规模最大的一场战役，是典型的阵地战、消耗战。在长达10个月的战斗中，德法军队在凡尔登及其附近地区演出了一幕幕惊人心魂的进攻、反攻、摧毁、强击、破坏、占领、再占领，地面布满了密密麻麻的巨大弹坑，树林被毁，地面上到处是人和马的尸体，随着天气逐渐变暖，尸体腐烂散发出令人难以忍受的恶臭。到12月战役结束时，德法两国军队双方伤亡共70多万人。由于伤亡惨重，凡尔登战役被后人称为"绞肉机""地狱"。凡尔登战役是第一次世界大战的转折点，德国从此逐步走向失败。

077 "一战"给世界带来了什么影响？

1918年11月，德国政府代表来到法国东北部贡比涅森林的雷道车站，签署了停战协定，德国投降。第一次世界大战以同盟国的失败而结束。

人类的浩劫

两次工业革命的完成，使西方各国工业生产的能力增长了许多倍，各国的武器都更新换代，飞机、坦克、毒气、远程大炮都

第一次世界大战期间，法国北部街头一片废墟

出现在战场上，给交战各国带来了重大伤亡。耗时4年多的第一次世界大战，将当时超过一半的世界人口卷入战争。整个战争死伤人数超过3000多万，近1000万人直接死于战场，近350万人终身残疾。战争消耗了巨额的社会财富，各国经济损失共计约300亿美元，战后交战各国，均遭到重创，城市残破，满目疮痍，人民生活极度困苦。这场战争对全人类来说，是一场不折不扣的浩劫！

世界格局的改变

战争爆发前，欧洲是世界的政治、经济中心。战后，欧洲遭受重创，其优势地位被动摇。首先，政治版图发生变化，奥匈帝

国瓦解，奥地利共和国、匈牙利共和国等成为独立国家，波兰共和国也获得独立，德国的版图大大缩小；其次，欧洲经济的辉煌不再。战前1913年，世界工业制成品的60%来自英国、法国和德国，伦敦是世界金融中心；战后，国际金融中心，由伦敦转向纽约，1920年欧洲制造业下降20%。英法虽然是战胜国，同样在战争中被严重削弱。相比之下，在"一战"前就已经兴起的美国和日本却利用战争之机大大发展了自己的力量。美国除未遭受战争破坏外，战争费用也比其他国家低，利用战争，美国接受交战双方的大量作战物资订单，大发战争财，世界黄金储备的40%集中到了美国。第一次世界大战也使日本获得了异乎寻常的畸形发展。战争期间，欧洲国家无暇东顾，日本几乎独占了中国东北的市场，同时加紧向殖民地进行经济渗透。在战争的刺激下，日本的工农业发展起来，完成了由农业国向工业国的转变。

被压迫人民的觉醒

第一次世界大战交战各国的经济普遍下滑，劳动人民饥寒交迫，许多人被冻死或饿死，人民的反战情绪和反战运动高涨。俄国作为帝国主义国家链条中最弱的一环，危机日益深重，战争损失人数高达800万人，工人、农民和士兵忍饥挨饿，流血牺牲。忍无可忍的他们奋起斗争，爆发了革命，沙皇统治被推翻，以列宁为首的布尔什维克党领导人民进行十月革命，建立了世界上第一个社会主义国家，震撼了整个世界。在俄国革命的影响下，欧洲相继爆发了德国十一月资产阶级民主革命、匈牙利无产阶级社会主义革命等。

第一次世界大战进一步促进了殖民地半殖民地民族解放运动的发展。广大被压迫被奴役的殖民地半殖民地人民开始觉醒，纷纷开始了争取民族独立和解放的斗争。

078 | 俄国为什么会发生十月革命？

列宁领导的十月革命，建立了世界上第一个无产阶级专政的国家。

沙皇统治危机重重

第一次世界大战爆发后，俄国加入协约国集团，与德国和奥匈帝国在东线展开厮杀。到1917年，漫长而残酷的战争，夺走俄国数百万人的生命。土地荒芜、粮食奇缺、物价飞涨，国家经济处于崩溃的边缘，社会矛盾激化，人民生活苦不堪言。列宁领导的布尔什维克党在广大工人、士兵中进行了广泛的宣传发动工作，影响不断扩大。而风雨飘摇中的沙皇尼古拉二世幻想通过战争来转移人们的视线，结果等来的却是前线失败的消息，人民对沙皇的统治再也无法忍受下去了。

二月革命推翻沙皇

1917年3月（俄历2月），俄国发生了二月革命。俄国首都圣彼得堡的士兵和工人群众，发动武装起义。彼得格勒工兵代表苏维埃成为全国革命的领导中心。沙皇被迫退位，罗曼诺夫王朝被推翻，沙皇专制制度宣告结束，资产阶级临时政府掌握了全国政权。

十月革命建立苏维埃政权

二月革命推翻了沙皇政府，圣彼得堡的工人和士兵建立了革命政权——工兵代表苏维埃，与资产阶级临时政府形成了两个政权并存的局面。资产阶级控制的临时政府不顾人民的强烈要求，继续将战争进行下去。广大工人和士兵再次走上街头，反对临时政府的倒行逆施。临时政府对工人和士兵的游行示威进行血腥镇压，还迫害布尔什维克党人，布尔什维克党被迫转入地下。

彼得格勒武装起义示意图

1917年布尔什维克党召开第六次代表大会，确定了武装起义的方针。1917年11月6日（俄历10月24日）晚，列宁来到彼得格勒的起义指挥部——斯莫尔尼宫，直接领导起义。到11月7日凌晨，工人赤卫队和革命士兵占领了彼得格勒的火车站、码头、银行、邮政局、电话局等战略要地，包围了临时政府所在地——冬宫。晚上，停泊在涅瓦河上的阿芙乐尔号巡洋舰开炮，发出向冬宫进攻的号令。广大工人赤卫队员、革命士兵像潮水一样，冲向冬宫，占领了临时政府最后的堡垒。11月7日（俄历10月25日）晚，全俄工兵代表苏维埃第二次代表大会在斯莫尔尼宫召开。大会通过《和平法令》，建议参加第一次世界大战的各交战国立即停战或开展和谈。大会宣布成立以列宁为首的苏维埃政府。

次年，俄国各地相继建立了苏维埃政权。十月革命的胜利对俄国和世界历史进程产生了重大和深远的影响。

079 十月革命的胜利对世界有何影响？

十月革命是人类历史上第一次获得胜利的社会主义革命，开辟了人类探索社会主义道路的新时代，使马克思列宁主义传遍了世界。

马克思主义由理想变为现实

1848年《共产党宣言》的发表，标志着马克思主义的诞生，从此，无产阶级的斗争有了科学理论的指导，国际工人运动进入了新的阶段。

1871年成立的巴黎公社建立了世界上第一个无产阶级政权，却以失败告终。马克思曾总结公社经验，指出无产阶级必须通过暴力革命打碎资产阶级国家机器，建立有效的无产阶级专政，才能达到自己的革命目的。

1917年以列宁为首的俄国布尔什维克党，在广大士兵、工人和群众的积极参与和大力支持下，取得了俄国无产阶级社会主义革命的胜利，推翻了资产阶级政府，建立了第一个工人士兵苏维埃政府——人民委员会。人类历史上第一个社会主义国家宣告诞生，无产阶级建立了属于自己的政权。马克思主义终于由理想变为现实！

世界政治格局发生改变

工业革命完成后，资本主义制度确立了对世界的统治地位。但是随着资本主义的不断发展，资本主义本身固有的矛盾随之出现，而且矛盾无法从根本上解决。第一次世界大战，就是矛盾激化的最终体现。

列宁领导的十月革命，在人类历史上第一次消灭剥削和压迫的不平等社会，第一次尝试建立公平正义共同富裕的美好社会，从而打破了资本主义一统天下的局面，实现了社会主义从理想到现实的伟大飞跃，开辟了人类探索社会主义道路的新纪元。

从此，资本主义和社会主义两种社会制度并存，成为世界历史的重要内容。

给中国送来了马克思主义

十月革命，推翻了资产阶级政权，建立了无产阶级专政的国家。而且革命战胜了资本主义国家的武装干涉，镇压了反革命叛乱，巩固了新生的苏维埃政权。这极大地鼓舞了国际无产阶级革命运动，鼓舞了殖民地半殖民地人民开展争取民族独立和解放的斗争。特别是对中国这样，在鸦片战争之后一直在探寻救国真理和强国之路的国家来说，马克思列宁主义在十月革命以后，成为指导中国革命的理论基础和指导思想。走俄式道路，发动工农群众，成立无产阶级革命政党，建立无产阶级政权，成为当时越来越多先进中国人的共同追求。所以说：十月革命一声炮响，给中国送来了马克思主义。

油画《列宁宣布苏维埃政权成立》

你知道巴黎和会及其三巨头吗？

第一次世界大战结束后，战胜国在1919年和1921—1922年分别召开了巴黎和会与华盛顿会议，与会各国缔结了以《凡尔赛条约》和《九国公约》为代表的一系列国际条约。

三巨头主宰会议

1919年1月，巴黎和会在凡尔赛宫开幕了，参加和会的有27个国家（若加上英国4个自治领加拿大、南非、澳大利亚、新西兰和英国的殖民地印度，共有32个）的代表，苏俄和战败的德国、奥匈帝国、奥斯曼土耳其、保加利亚被排斥在和会外。

巴黎和会三巨头：劳合·乔治（前排左）、克里孟梭（前排中）、威尔逊（前排右）

但国家之间的权利是不平等的，会议被英、法、美、日、意5个国家操纵了，他们可以参加一切会议，对所有问题提出议案。其他国家仅能在讨论涉及本国问题时允许出席，或者在5国中某一国的邀请下才能就与己有关的问题进行发言。在五国代表中，英、美、法三国领导人——英国首相劳合·乔治、法国总理克里孟梭、美国总统威尔逊，成为会议的主宰者，被称为"三巨头"。

三巨头各怀鬼胎

英、美、法三国虽同为协约国，但却有各自的小算盘。法国在战争中遭受巨大损失，但也同时获得了欧洲头号陆军强国的地位。在和会上，法国的目的是最大限度地削弱德国，以建立其在欧洲大陆的霸主地位。而英国则要维护其日益动摇的世界霸主地位，同时维持欧洲大陆的力量均衡，所以英国既主张对德国进行惩罚，又反对过分削弱德国。美国在"一战"中大发战争财，已是世界首富，成为世界政治和军事强国。美国借宣扬民族自决和门户开放政策，达到削弱德国、对抗苏俄、抑制英法，进而驾驭欧洲、称霸世界的野心。在这些国家眼里，没有永远的朋友和敌人，在会议开始之后，这些国家为了自身的利益，很快陷入争吵，使会议一拖再拖，一直持续了5个多月。

三巨头牺牲小国利益

中国作为战胜国，派代表参加了巴黎和会。中国代表团向巴黎和会提出，收回德国侵占中国胶州湾、胶济铁路和山东的一切权利。日本竟然提出把德国的侵华权益转移给日本的要求，并以拒绝在条约上签字和退出和会相要挟。中国代表为争取应有的权益，奔走呼号，与各国代表反复交涉，但当时国力衰微，列强无视中国的正当要求。英、美、法等国为维持大会的平衡局面，采取了安抚日本、牺牲中国利益的做法，将原德国在山东的权益转让给日本。中国的利益就这样被出卖了！消息传到中国，引起了中国人民的极大愤慨和反抗，五四运动随之爆发。中国代表最后拒绝在《凡尔赛条约》上签字。

巴黎和会实际上是帝国主义战胜国分配战争赃物、重新瓜分世界的会议。

081 《凡尔赛条约》为什么只维持了20年的和平？

1919年6月28日，协约国代表作为战胜方，交给德国代表一份《凡尔赛条约》（全称《协约和参战各国对德和约》），并要求他们在签字和继续作战之间做出选择。德国代表选择了在这份条约上签字。这是怎样一份条约呢？

德国——埋下仇恨的种子

《凡尔赛条约》主要包括疆界、军备、赔款、殖民地等问题，主要内容有：德国将阿尔萨斯-洛林交还法国，萨尔煤矿归法国；德国向美、英、法等国支付巨额赔款；德国承认奥地利独立；限制德国军备，并规定莱茵河以东50千米为非军事区；德国只允许保留十万陆军，不允许拥有空军；德国所有海外殖民地由英、法、日等国以委任统治的名义加以瓜分。这份条约暴露了巴黎和会是分赃会议的本质。

对德国来说，条约带来的沉重负担，包括其中的种种屈辱，都转嫁到了普通的德国人民头上。由于德国在战争中损失惨重，加之战败赔款，当时国内经济十分困难，货币急剧贬值，食物匮乏，民众生活艰辛悲惨。德国人心中埋下了对《凡尔赛条约》、对协约国列强仇恨和复仇的种子，这为以后法西斯势力在德国的崛起埋下了伏笔。

中国——被列强出卖

《凡尔赛条约》将原来德国在中国山东的权益转让给日本。消息传到中国国内，这让对巴黎和会抱有希望的中国人民极度失望，也无比愤怒，中国人民掀起了轰轰烈烈的五四爱国运动，揭开了新民主主义革命的序幕。五四运动是彻底的不妥协的反帝反封建的爱国运动，中国工人阶级由此登上政治舞台，促进了马克思主义在中国的进一步传播，使马克思主义同中国工人运动相结合。巴黎和会以后，帝国主义与中国代表的殖民地半殖民地国家的矛盾没有得到缓和，反而进一步加速了被压迫、被奴役国家的人民展开争取民族独立和解放的斗争。

五四运动期间，上海商界罢市，声援学生游行

世界——矛盾没有根本消除

《凡尔赛条约》与其他国家的一系列和约构成了凡尔赛体系，确立了战后欧洲的新秩序。在这一地区，帝国主义国家的矛盾得到了缓和。但条约是列强相互妥协退让的结果，几乎所有国家都对条约有不满意的地方，所以各国之间的矛盾并没有完全消除。帝国主义国家的矛盾是由于国家之间发展不平衡造成的，所以，《凡尔赛条约》是列强妥协分赃的产物，它只是暂时缓和了帝国主义国家之间的关系，却不可能从根本上消除这些国家之间的种种矛盾。正如列宁所说："靠《凡尔赛条约》来维系的整个国际体系、国际秩序是建立在火山上的。"

082 为什么说华盛顿会议是巴黎和会的继续？

1921年11月，美、英、法、日、意、荷、比、葡和中国等9个国家的代表在华盛顿举行会议。这次会议与巴黎和会相隔时间并不长，那么，为什么美国要提议召开这次会议呢？

矛盾协调和利益瓜分

"一战"后，列强对世界霸权的新一轮争夺又开始了，这一次突出表现为对海洋霸权的争夺。美国信誓旦旦要"建设世界上最强大、最优秀的海军"。而英国则寸步不让"宁愿花尽最后一分钱，也要保持对美国或其他任何一个国家的优势"。日本也力图组建强大的海军力量。法国和意大利也加入这场竞赛之中，一场看不见硝烟的军备大战愈演愈烈。

巴黎和会只是协调了列强在欧洲的关系，但他们在东亚和太平洋地区的矛盾仍然没有解决，特别是在中国问题上，美国和日本之间的争夺日益激烈，日本几乎独霸中国。美国对日本的迅速崛起，深感不安，想方设法抑制对方。所以华盛顿会议，是帝国主义国家为了协调新矛盾，对战后远东和太平洋的殖民地进行再分割而召开的会议。

在巴黎和会上没有获得足够利益的美国，发起了华盛顿会议，并且掌握了会议的主动权。

解决了巴黎和会一些未解决的问题

经过激烈的讨价还价，与会国达成了一系列重要协定，主要签订了三个条约：美、英、法、日互相保证各自占有太平洋岛屿权利的《太平洋条约》；按一定比例规定美、英、日、法、意五国海军力量的《五国公约》；掠夺中国的《九国公约》。关于中国问题的《九国公约》，打破了"一战"期间日本独占中国的局面，使中国又回到了被几个帝国主义共同支配的局面。在美国的压力下，以及在中国人民的不断努力下，日本被迫从中国山东撤军，中国恢复对山东的主权。

华盛顿会议是巴黎和会的继续与发展，它在承认美国在远东及太平洋地区占有相对优势的基础上，通过上述一系列条约，修改和补充了《凡尔赛条约》中的一些条款，解决了巴黎和会上没有解决的一些问题，建立了第一次世界大战后帝国主义列强在亚太地区新的国际关系结构。

重建了帝国主义统治的新秩序

华盛顿会议与巴黎和会重建了战后国际秩序，这一秩序被称为"凡尔赛—华盛顿体系"。在这两个会议的基础上，战后国际秩序得以重建。

这次会议与巴黎和会一样，只是暂时缓和了帝国主义国家的矛盾，而不能从根本上消除矛盾。特别是日本，他们对华盛顿会议的结果不满，这为以后日本同美国的冲突埋下了种子。在20世纪30年代，随着德、日、意法西斯势力的崛起，"凡尔赛—华盛顿"体系最终走向瓦解。

083 《钢铁是怎样炼成的》一书的社会背景是什么？

"人最宝贵的是生命。生命属于人只有一次。人的一生应当这样度过：当回首往事的时候，他不会因为虚度年华而悔恨，也不会因为碌碌无为而羞耻；在临死的时候，他能够说：'我的整个生命和全部精力，都已经献给了世界上最壮丽的事业——为人类的解放而斗争。'"这段名言出自苏联著名作家奥斯特洛夫斯基的著作《钢铁是怎样炼成的》（人民文学出版社1989年版），曾经被千百万青少年作为自己的人生座右铭。这本书在中国家喻户晓，成为伴随青少年成长的必读书目。那么，这本书反映的是怎样的时代背景呢？

一个英雄的时代

奥特洛夫斯基创作的《钢铁是怎样炼成的》，是一部半自传体小说，作者以自己的亲身经历为基础，反映了俄国十月革命爆发后，苏联军民在布尔什维克党的领导下，克服重重困难，战胜国内外敌人，巩固苏维埃政权，积极投身社会主义建设的光荣历史。小说歌颂了主人公保尔·柯察金保家卫国的爱国主义情怀和为了实现崇高的共产主义理想艰苦奋斗的精神。

俄国十月革命后，帝国主义列强无法容忍在世界上出现一个社会主义国家，一个红色政权。沙皇俄国的残余势力和资产阶级不愿意看到自己的特权、利益被剥夺，他们对新生的苏维埃政权无比仇视。在帝国主义国家的支持下，他们组织了一次又一次的叛乱，组成了外国干涉军，他们甚至曾经占领了四分之三的俄国领土。在他们的包围和封锁下，俄国国内粮食奇缺，大量的百姓饿死，红色政权处危险境地。

危急时刻，在以列宁为首的布尔什维克党的领导下，苏俄军民同仇敌忾，上下一心，众志成城，表现出顽强的战斗力和凝聚力，成千上万名青年像小说中的保尔·柯察金一样，拿起武器，跨上战马，向敌人发起了一次又一次冲锋。年轻的红军在战斗中迅速成长起来，他们先后打败了沙俄叛军和外国干涉军，收复了被敌人占领的国土，巩固了新生的苏维埃政权。在国内战争取得胜利后，这些革命青年又以百倍的热情投入到国家的社会主义建设中去，让自己的青春在那个激情燃烧的岁月里迸发出了最靓丽的光彩。

一个英雄的群体

小说为我们塑造了保尔·柯察金这一英雄形象，为我们描绘了一个曾经懵懂无知的青年，是怎样在党组织的教育和引导下，不断锻炼和成长，为了党和人民的事业，不怕任何艰难困苦，甚至不惜献出自己的生命，最终成为一位坚强的共产主义战士的。他的成长经历，后来成为千千万万中国青少年学习的榜样。

《钢铁是怎样炼成的》中的主人公保尔·柯察金画像

小说还为我们塑造了一批布尔什维克的光辉形象，像朱赫来、丽达、潘克拉托夫等。他们身上都表现出了共产党员共有的优秀品质：具有坚定的信仰，极强的献身精神和旺盛的革命斗志。他们使布尔什维克的形象更加鲜活、真实，让我们理解了为什么布尔什维克能够得到广大人民的支持。

084 苏联为什么要优先发展重工业？

1922年12月，苏维埃社会主义共和国联盟成立，简称"苏联"。列宁逝世后，苏联在斯大林的领导下，实施"社会主义工业化"，并且优先发展重工业。为什么苏联对实现工业化，特别是发展重工业情有独钟呢？

一个落后农业国的现实需要

1861年沙皇亚历山大二世进行了农奴制改革，废除了不得人心的农奴制，从而使俄国走上了资本主义的工业化之路。但是由于农奴制改革并不彻底，保留了大量封建残余，大批农民被剥削得一干二净，工业化的进程非常缓慢，俄国基本上还是一个落后的农业国。苏联成立初期，经济远比西方资本主义国家的经济落后，苏联领导人认为应该摒弃资本主义国家走过的工业化道路，优先发展重工业。

一个被孤立国家的现实需求

苏联在建立后，就处于资本主义国家的包围之中，长期被封锁，很难得到外国的技术设备和先进的工业品。要搞好经济建设实现工业化，苏联就只能建立独立自主、相对完整的工业体系，只有这样，才不会受制于人。而搞自主工业体系的基础就是重工业，实现工业化，苏联就必须有能造出机器的机器。这也是苏联领导人"无法选择的选择"。第一个五年计划期间，苏联利用资本主义世界遭受经济危机打击之机，从西方引进一批先进的机器设备和技术力量。三个主要钢铁厂——马格尼托哥尔斯克钢铁厂、库兹涅茨克钢铁厂和扎波罗日钢铁厂，以及斯大林格勒拖拉机厂、第聂伯河水电站等大型项目都引进了外国的设备和技术。

一个饱受战争威胁的国家的必然反应

在苏联工业化高歌猛进的时候，资本主义世界却经历了前所未有的经济危机，各国经济受损严重，法西斯势力纷纷抬头，德、意、日等国先后建立起法西斯政权，开始了疯狂的扩军备战，战争的乌云开始笼罩整个世界。这些都在迫使苏联进一步调整工业发展的比例，加大国防工业的投入，生产更多武器，组建更多军队。

如今的俄罗斯马格尼托哥尔斯克钢铁厂

1928—1937年，苏联先后完成了第一个、第二个五年计划，建成了6000多个大企业，建立起飞机、汽车、拖拉机、化学、重型和轻型机器制造等部门。1932年，苏联大工业产值已经占国民经济总产值70.7%。1937年，工业总产值已经跃居欧洲第一、世界第二。苏联终于从一个落后的农业国成长为一个先进的工业国，为赢得第二次世界大战的胜利打下了坚实的基础。

苏联社会主义优先发展重工业的成就十分巨大，但也存在重大缺陷和问题。片面发展重工业，使农业和轻工业长期处于落后状态，经济行业均衡发展的愿望难以实现。

085 甘地为什么被称为"圣雄"?

"圣雄"的原义是"伟大的灵魂",在印度甘地被尊为"圣雄",意思是"合圣人和英雄为一身"。

非暴力不合作运动

莫汉达斯·卡拉姆昌德·甘地(1869—1948年),早年留学英国,获得了律师资格。他曾在南非提出"非暴力抵抗"口号,进行了颇有成效的反种族歧视活动,并形成了甘地主义理论。

甘地

"一战"爆发后,为了取得印度的支持,英国曾答应战后让印度实行自治,但英国根本无意兑现诺言。1919年4月的阿姆利则惨案震惊了整个印度。1920年,甘地号召印度人民开展"非暴力不合作运动",主要包括两部分内容:"非暴力抵抗"、与英国殖民者"不合作"的态度。具体内容有:抵制在殖民政府和法院中工作;不参加殖民政府的任何集会;拒绝在英国学校读书,以自设的私立学校代替英国统治者的公立学校;抵制英国商品,不穿英式服装,自己纺纱织布;拒绝纳税等。

在甘地的领导下,印度人民掀起了第一次"非暴力不合作"运动,但因运动出现暴力事件,甘地宣布停止第一次非暴力不合作运动。1930年,甘地开始"食盐长征",以反对殖民政府食盐

专卖为突破口，带领数十名追随者步行到海边，自取海水制盐，揭开了第二次非暴力不合作运动的序幕。1942年4月，在印度国内广大群众反英情绪高涨和日本侵略者迫近印度的形势下，甘地提出了英国"退出印度"的口号，并先后发起了第三次非暴力不合作运动和第四次非暴力不合作运动，均被英国镇压。

印度独立

甘地发动的非暴力不合作运动，打击了英国的殖民统治，增强了印度人民的民族自尊心和自信心。"二战"结束后，内外交困的英国政府答应了印度独立的要求。经过长期的斗争，印度人民终于获得了独立。

1948年1月30日，79岁的甘地在一次调解教派纷争的活动中被一个极端分子杀害，离开人世。"圣雄"甘地的一生结束了，但他永远活在印度人民心中，他的精神带领国家迈向独立，他的"非暴力"思想，影响了全世界的民族主义者，他的一些信念鼓舞了马丁·路德·金、曼德拉等民主运动人士。

086 | 1929年"黑色星期四"到底发生了什么？

1929年10月24日，星期四，美国纽约证券市场一开市，通用汽车公司一笔2000股的交易便被抛出，之后大批企业的股票纷纷被抛售，股价大跌。交易所里的人们陷入巨大恐慌，人们焦急地涌入证券交易大厅纷纷抛售股票，股价下跌速度之快，连自动报价机都来不及报出最新价格。成千上万的股票持有者顷刻之间倾家荡产。这种股票市场大崩溃的情况以前从未出现过，并且不久就从华尔街蔓延到美国各地，人们称这一天为"黑色星期四"。

经济大危机爆发

股市大崩溃很快由美国席卷到其他资本主义国家，加拿大、德国、日本、法国等国无一幸免。一场持续数年、破坏力大、波及范围广的世界性经济危机爆发了。

这场危机给资本主义世界造成了前所未有的损失。在整个大危机期间，金融货币、信用和财政陷入困境。股票价格指数大幅度下降；各国很多大银行倒闭，出现挤兑风潮；工厂生产大幅度下降，大量企业倒闭。与1929年相比，美国1932年工业产值下降46.2%，德国下降40.2%，日本下降37.4%，意大利下降33.2%，法国下降31.9%，英国下降20%。大危机的蔓延还造成了世界农业危机。农产品严重"过剩"，粮食价格大幅下降。在美国甚至出现了这样的场景：棉花无人采摘，只能烂在地里；大量牲畜被活埋；很多牛奶被倒入河中；大量咖啡被倒进海中。受经济危机的影响，各国国民收入也大幅降低。

大危机还使无数工人失业，1933年美国的失业率为24.9%，失业人口达一千多万，德国和英国也有大批民众失业。经济大危机进一步引发政治危机，失业工人联合起来游行示威，大规模的反饥饿运动和工人罢工运动高涨，整个西方世界出现了社会大动荡。

经济大危机中的美国

应对经济大危机

这场经济大危机持续了四年之久，1933年以后，各资本主义国家才陆续走出危机。大危机的爆发，源于资本主义制度的基本矛盾，即生产社会化与生产资料私人占有制之间的矛盾。

为了摆脱危机，维护本国的统治，各国资产阶级走上了不同的道路：美国实行罗斯福新政，加强了国家对经济的干预；德、意、日则建立了法西斯政权，走上了对外侵略扩张的道路，最终导致了第二次世界大战的爆发。

087 罗斯福为何能连任四届美国总统？

富兰克林·德兰诺·罗斯福，人称"小罗斯福"，从1933年至1945年，连续出任四届美国总统，是目前为止美国历任总统中任期最长的，也是美国唯一一位任期超过两届的总统。罗斯福为何能成为美国历史上连任四届的总统呢？

对抗经济大危机

1932年，世界经济大危机进入第四年，面对这种状况，美国胡佛政府束手无策。11月，民主党候选人纽约州州长罗斯福当选为美国第32届总统。1933年3月，罗斯福正式上任，采用国家干预经济的手段开始全面实施"新政"。首先，罗斯福政府颁布《紧急银行法案》，对银行进行整顿，以稳定国家金融体系，恢复人民对银行的信心；接着，颁布《农业调整法》，对全国农业生产和销售进行调节；然后，通过《全国工业复兴法》，召集同行业组织制定本行业的公平竞争法规，凡接受这些法规的企业，一律发给"蓝鹰"标志；还推行"以工代赈"，兴建公共工程，为失业者提供劳动机会。此外，政府还通过了《社会保障法》和《劳动关系法》。

尽管罗斯福新政没能将经济危机完全消除，但却从经济危机的深渊中挽救了美国，使美国经济慢慢复苏。由于罗斯福在拯救经济危机的行动中表现出色，在1936年的总统大选中，罗斯福第一次获得连任，总统任期到1940年。

对抗法西斯

1940年到1945年，罗斯福能够连任两届美国总统，是因为第二次世界大战期间，罗斯福是同盟国阵营的重要领导人之一。"二战"爆发后，罗斯福通过发表炉边谈话支持英国抗击希特勒，将美国建成"民主国家的兵工厂"，向反法西斯盟国出口军火，支援反法西斯国家政府和人民的正义斗争。

1941年8月，罗斯福与英国首相丘吉尔发表《大西洋宪章》，为世界反法西斯联盟和日后联合国的建立奠定了基础。1941年12月日本偷袭珍珠港后，美国正式对法西斯国家宣战。之后罗斯福多次与斯大林、丘吉尔等同盟国大国领导人会晤，商讨各国的联合军事行动与战后安排，为早日结束战争和战后和平制定了基本原则和指导方针。1945年4月，在苏联红军攻克柏林前夕，罗斯福在任内猝然病逝。

088 "二战"初期的"静坐战争"是怎么回事？

"二战"期间，在欧洲西线战场发生了一场奇怪的战争，从1939年德军入侵波兰开始，德国和法国在西线集结大量兵力，却一枪不发，没有任何冲突。历史上称这场违反常规的战争为"静坐战争"，又称"假战争""奇怪战争"。为什么会有"静坐战争"呢？

绥靖政策的结果

"静坐战争"是英、法长期推行绥靖政策带来的后果。绥靖政策，是一种对侵略不加抵制，姑息纵容，退让屈服，以牺牲别国为代价，同侵略者勾结和妥协的政策。"二战"前，这一政策最积极的推行者是英、法等国。他们为了维护既得利益，求得一时苟安，不惜牺牲别国利益，向侵略者妥协，妄图将祸水引向苏联，坐收渔人之利。

1938年9月，英、法、德、意四国的首脑张伯伦、达拉第、希特勒和墨索里尼在德国的慕尼黑开会，签订《慕尼黑协定》，强行把捷克斯洛伐克的苏台德等地区割让给德国，妄图以牺牲捷克斯洛伐克为代价，求得"一代人的和平"，实质上是想推动德国进攻苏联。《慕尼黑协定》的签订，将绥靖政策推向顶峰，加速了第二次世界大战的爆发。"二战"全面爆发后的"静坐战争"，再一次体现了英、法对德国法西斯的妥协退让。

西线无战事

1939年9月1日，法西斯德国军队以"闪电战"方式突袭波兰。作为盟国的英、法两国于9月3日相继对德宣战，第二次世界大战全面爆发。

可是，无论英国还是法国都仅仅是政治口头上对德宣战，在绥靖政策的方针下不敢多走半步。当时德军大部分主力投到波兰战场，西线只有二十多个师防守齐格菲防线，而英、法拥有一百多个师，具有优势，除法军一部曾楔入德国齐格菲防线前沿外（后于10月撤回），从1939年9月到1940年5月，法、德边界未发生真正的战斗。双方军队在战壕中静坐观望，出现了战争史上罕见的宣而不战的奇怪现象。英法大军静静地集结在与齐格菲防线相对的法国马其诺防线内，甚至有些士兵开始了消遣活动。这种现象是战争史上罕见的。实际上是英法对德国长期推行绥靖政策的结果，同时也反映了英法对军备实力信心不足，不敢贸然与德国进行大规模战争较量的实质。

"静坐战争"终因德国进攻挪威而宣告结束。英法"宣而不战"的假战争，最终把自己拖入一场真战争。很快，德军出其不意地进入法国，直逼英吉利海峡，绥靖政策彻底宣告失败。

法国士兵在马其诺防线上打牌

089 | 你知道珍珠港事件吗？

1941年12月7日凌晨（当地时间），夏威夷群岛的人们还沉浸在周末的酣睡中，不知危险已经悄然而至。日军飞机向珍珠港发动了猛烈攻击，毫无准备的美军损失惨重。

天然良港

珍珠港，位于夏威夷群岛瓦胡岛南岸，在夏威夷州首府火奴鲁鲁（檀香山）以西约10千米，因水域内盛产珍珠而得名。珍珠港由3个深入陆地的港湾组成，湾内水深合适，通航水域面积较广且水域回旋余地大，港区掩蔽条件好，独特的环境使其成为天然良港。1898年，夏威夷归属美国后，美国开始在此兴建大型海军、空军基地，珍珠港成为美国通往亚洲和澳大利亚的交通枢纽。

珍珠港亚利桑那纪念馆

日本偷袭珍珠港

1941年，日本推行南进政策，侵入印度南部，使日美关系日益紧张，日美外交谈判进入困境，美国迷恋于以经济制裁来维持和平，对日本实行钢铁禁运、石油禁运，冻结日本在美资产。日本也冻结了美国在中国沦陷区的资产作为反制裁，双方关系如弦上之箭，一触即发。但从九一八事变至七七事变，美国政府一直姑息日本，没有认清中国抗日战争在世界反法西斯斗争中的地位和作用，对日的绥靖政策使得美国在思想上缺乏对日本突然袭击的准备。

1941年年初，日本海军司令山本五十六策划了偷袭。美国华盛顿时间12月7日凌晨（东京时间12月8日），日本出动飞机350余架和秘密航行约3500海里的日本舰队，对珍珠港发动突然袭击。炸弹如倾盆大雨般倾泻到珍珠港，短短数小时内，美国太平洋舰队遭受严重打击，美军仓促应战，在港内的太平洋舰队几乎全军覆没，被击沉、击伤军舰20余艘，被炸毁飞机300多架，大量人员死伤。

1941年12月7日，日军空袭珍珠港后，美军三艘受损的战舰：（左起）西弗吉尼亚号、田纳西号和亚利桑那号

日本对珍珠港的偷袭，彻底激发了美国人民的爱国热情和民族主义，激怒了美国政府。8日，美国对日宣战，加入反法西斯国家的行列，太平洋战争爆发，第二次世界大战全面展开。

090 "二战"中决定国际关系格局的重要会议有哪些？

在第二次世界大战中，1943年是各主要战场形势发生根本转变的一年，战略进攻的主动权已经被同盟国牢牢掌握。由于面临协同作战、加快战争进程和战后世界安排等诸多问题，从1943年到1945年，同盟国召开了四次重要会议，影响了战后国际关系格局。

开罗会议

1943年11月22日到26日，美、英、中三国首脑罗斯福、丘吉尔、蒋介石在埃及首都开罗召开国际会议，会议的主要内容是商讨联合对日作战计划和战后如何处置日本的问题，并最终签署了《开罗宣言》。宣言明确规定：日本所窃取的中国领土，例如中国东北、台湾和澎湖列岛等，必须归还中国。

德黑兰会议

1943年11月28日至12月1日，苏、美、英三国首脑斯大林、罗斯福、丘吉尔在德黑兰举行会议。会议主要讨论的是美、英应于1944年5月发动诺曼底登陆战役，在西欧开辟第二战场的问题。会议最后通过了《德黑兰宣言》，宣布在对德作战时，三国会保持行动一致，而且在战争结束后继续开展合作。德黑兰会议和《德黑兰宣言》对加强盟国团结、加快第二次世界大战的进程、彻底打败德意日法西斯产生了重大影响。但是，大国主宰国际事务的倾向在德黑兰会议中得到充分反映，深刻影响了之后的国际形势。

雅尔塔会议

1945年2月4日至11日，苏、美、英三国政府首脑斯大林、罗斯福和丘吉尔在克里米亚半岛的雅尔塔举行会议，会议讨论了关于击败法西斯德国，铲除德国军国主义和纳粹主义，分区占领德国和柏林、战后成立联合国，苏联对日作战以及战后世界的安排等问题，并签订了《雅尔塔协定》。这次会议对缓和反法西斯盟国之间的矛盾、加强反法西斯统一战线、加速世界反法西斯战争胜利进程等起了重要作用，对战后世界格局的形成产生了深远影响。

雅尔塔会议三巨头，椅子上分别是丘吉尔（左）、罗斯福（中）、斯大林（右）

波茨坦会议

1945年7月17日至8月2日，反法西斯战争胜利在即，苏、美、英三国首脑斯大林、杜鲁门和丘吉尔（7月28日以后为艾德礼），在柏林西南的波茨坦举行了一次重要的国际会议。会议主要讨论了对德国管制的基本原则、波兰问题、关于战争赔偿等问题。会议还讨论了对日作战问题，并通过了《波茨坦公告》，公告促令日本政府立即宣布无条件投降等。波茨坦会议是三大国首脑在战争期间召开的最长的一次会议，这次会议对于夺取反法西斯战争的最后胜利具有重要意义，对维护战后欧洲和世界和平起了积极作用。三国对战后欧洲和平的安排问题达成的妥协，确立了战后世界的政治格局。

091 斯大林格勒保卫战为什么被称为"二战"的转折点？

在俄罗斯伏尔加格勒马马耶夫山上，坐落着一尊高达85米的雕塑——斯大林格勒战役英雄纪念碑（又名《祖国母亲在召唤》）。雕塑中的"祖国母亲"面向波涛滚滚的伏尔加河，右手持剑，左手水平伸展指向柏林，呼唤自己的英雄儿女冲锋陷阵，奋勇杀敌。这位顶天立地的女神，被视为伏尔加格勒市和整个俄罗斯的标志，是为了纪念被称为"二战转折点"的斯大林格勒战役而建。

重要军事基地

斯大林格勒（现伏尔加格勒），是"二战"时苏联内河航运干线伏尔加河下游西岸的重要港口，也是苏联南方铁路交通的枢纽和重要工业城市，还是重要的军事基地。

德军在莫斯科会战中惨败，被迫放弃全面进攻，于1942年夏在苏德战场南线实施重点进攻，企图攻占斯大林格勒，切断伏尔加河，截断苏军的战略补给线，控制高加索地区，然后北攻莫斯科。1942年5月至7月，德军在南线连战告捷，直扑斯大林格勒。苏军最高统帅部为保卫斯大林格勒，组建斯大林格勒方面军，把基本力量集中部署于顿河河曲。

坚不可摧的堡垒

1942年7月中旬，德军将苏军防线撕破，攻入顿河河曲，举世闻名的斯大林格勒战役打响了。7月17日至11月18日，德军派27万兵力和千余架飞机对苏军猛烈进攻，苏军坚决阻击。8月斯大林格勒保卫战为什么被称为"二战"的转折点？

23日，德军以大规模的空中攻击对苏联进行了轰炸，战线推进至斯大林格勒近郊。9月13日，德军攻入市区，从早到晚冲锋不止，苏联军民拼死反抗，双方展开了激烈的巷战。德国军队陷入了苏联人民战争的汪洋大海之中，久战不胜，德军的士气逐渐低落。严寒冬季来临，毫无过冬准备的德军陷入饥寒交迫中，战斗力一天天衰弱，战争的形势逐渐开始变化。11月19日，苏军开始反攻，23日包围德军33万人。1943年2月2日，德军被苏军重重围困，德军全部缴械投降。苏军最终取得了斯大林格勒战役的胜利，守住了这座英雄城市。

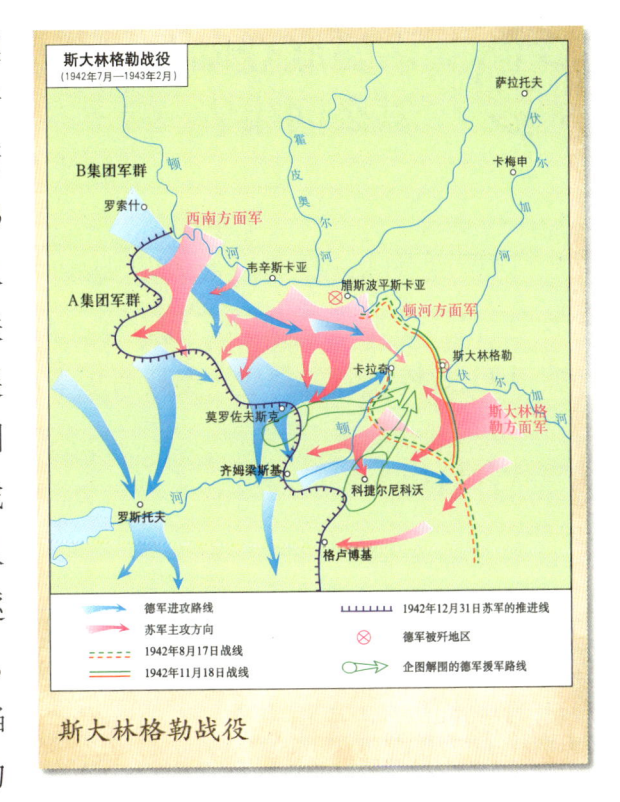

沉重打击法西斯

斯大林格勒战役后，入侵高加索的德军不得已放弃了已经占领的部分资源，仓皇撤退，希特勒的南线作战计划彻底破产。

斯大林格勒战役历时200天，德军及其仆从国家共计损失约150万人，是苏德战争中历时最长、最为激烈的一次战役。斯大林格勒保卫战给法西斯以致命的打击，不仅是苏德战争的转折点，也是"二战"的转折点。

092 诺曼底登陆是怎么回事？

诺曼底登陆，是第二次世界大战中盟军为了收复欧洲大陆失地、直接抗击德国法西斯、开辟第二战场，在欧洲西线战场发起的一场大规模攻势，它是人类战争史上著名的登陆战。

登陆计划

诺曼底登陆计划是由苏、美、英三国在德黑兰会议上决定的，登陆地点选在法国西部的诺曼底。1944年春，战争形势变得对盟军更加有利，这使得盟军登陆法国、开辟第二战场成为可能。盟军指派艾森豪威尔为总司令、英军蒙哥马利为地面部队总指挥，整场战役盟军先后调集了英国本土兵力近288万人、飞机15700多架和舰艇6000多艘。

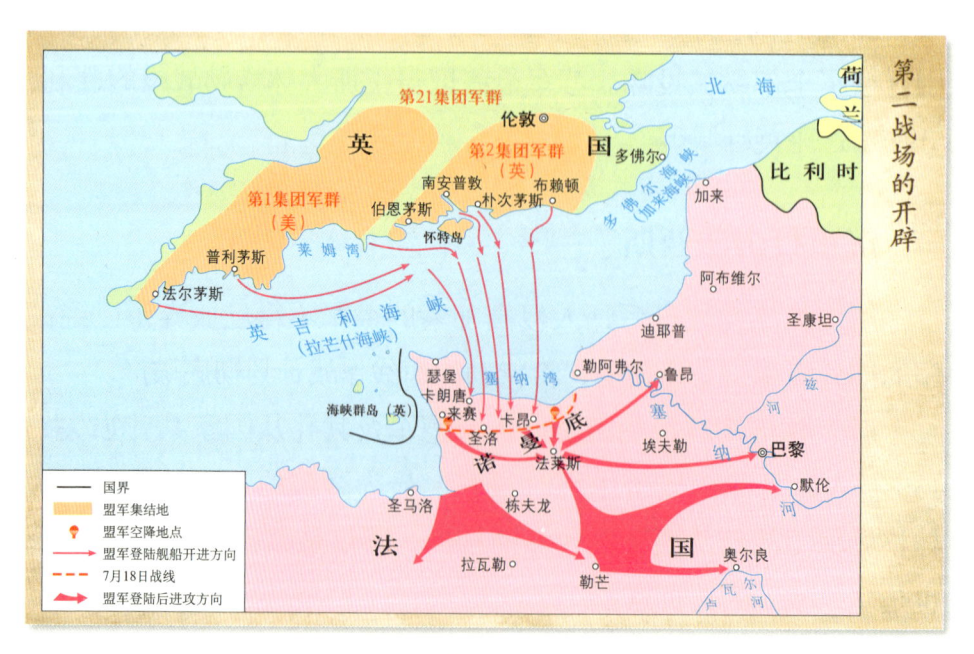

欧洲第二战场开辟

1944年6月6日1时30分，登陆战役正式开始。盟军3个空降师率先在诺曼底德军防线后方实施空降。6时30分，先头部队的5个师也分别展开登陆行动。在此次突击作战中，盟军动用了1万多架飞机，其中有约2000架运输机，此外还动用了4000余艘各类舰艇。另一边，对盟军的行动，德军统帅部未能做出准确判断，导致德军的援军无法及时增援，使盟军在登陆后得到了休整。

6月12日，盟军先头部队联通了原本独立的滩头阵地，登陆的盟军人数已达32万多人，在人数上超过了参战的德军。之后盟军依照事先制订的作战计划，朝内陆进发。7月25日，在登陆的滩头阵地战结束后，登陆盟军已达145万人。8月15日，美法联军又在法国南部登陆，盟军分成南北两路夹击德军，德军迅速败退。8月25日，法国首都巴黎解放了。巴黎的解放，标志着诺曼底战役的结束。诺曼底登陆成功，美英军队重返欧洲大陆，使第二次世界大战的战略态势发生了根本性变化。

黎明前胜利的炮声

诺曼底战役中，德军损失兵员约40万（其中半数被俘），损失大量坦克、火炮、飞机和各种车辆。这次战役计划周密、规模宏大、行动巧妙，是反法西斯战争中辉煌的一页。

诺曼底登陆的胜利，是盟军成功开辟欧洲第二战场的标志，意味着纳粹德国陷入两面作战、腹背受敌的困境，加速了法西斯德国的灭亡。诺曼底登陆使美国把主力投入太平洋对日全力作战，加快了第二次世界大战的结束。

093 美苏冷战对峙局面是怎样一步一步形成的？

"二战"结束后，以美国为首的西方集团和以苏联为代表的社会主义国家进行的除直接武装进攻之外的一切对抗活动，被称为"冷战"。那么，美苏冷战对峙局面是怎样一步步形成的呢？

序幕——"铁幕演说"

1946年3月，英国首相丘吉尔应美国总统杜鲁门的邀请来到杜鲁门的母校威斯敏斯特学院，发表了名为《和平砥柱》的演讲。丘吉尔毫不掩饰地说："从波罗的海的什切青到亚得里亚海边的里雅斯特，一幅横贯欧洲大陆的铁幕已经降落下来……"公开提出"布尔什维克威胁"，指摘苏联把东欧一些国家用"铁幕笼罩起来"，鼓吹英美两国建立军事同盟，准备反共战争。"铁幕演说"实际上是杜鲁门借丘吉尔的口向以苏联为首的社会主义阵营发出的"冷战"宣言。

开始——"杜鲁门主义"出台

1947年3月，美国总统杜鲁门在国会咨文中，声称世界已被分为两个敌对的阵营，一边是"极权政体"，一边是"自由国家"，"美国的政策必须是支持各国自由人民，他们正在抵制武装的少数集团或外来压力所试图的征服活动"。他大肆渲染希腊、土耳其受到"共产主义的严重威胁"，要求议会批准向希腊和土耳其提供紧急援助，"以抵制极权政体强加于它们的种种侵犯行动"。这份咨文提出的政策被人们称为"杜鲁门主义"，它意味着美国将以"遏制共产主义"作为国家对外政策的指导思想。"杜鲁门主义"的出台标志着美苏冷战开始。

基本形成——德国的分裂

根据雅尔塔会议的决定，1945年7月，苏、美、英、法分区占领德国，柏林由四国共管。随着"杜鲁门主义"的出台，1948年春，美、英、法计划合并三国占领区，并单独实行币制改革，这就使苏占区和西占区之间形成了一道国家界线。1949年9月，德意志联邦共和国即"西德"宣告成立，首都设在波恩。1949年10月，苏占区宣告德意志民主共和国即"东德"成立。德国分裂后，柏林也一分为二。1961年，东德在东西柏林之间修筑了一道围墙——柏林墙，该墙成为东德、西德以及东欧、西欧之间的冷战象征。

1949年，以美国为首的"北大西洋公约组织"成立。1955年，以苏联为首的"华沙条约组织"成立。美苏对峙，发展为两大集团的全面冷战对峙，两极格局形成。

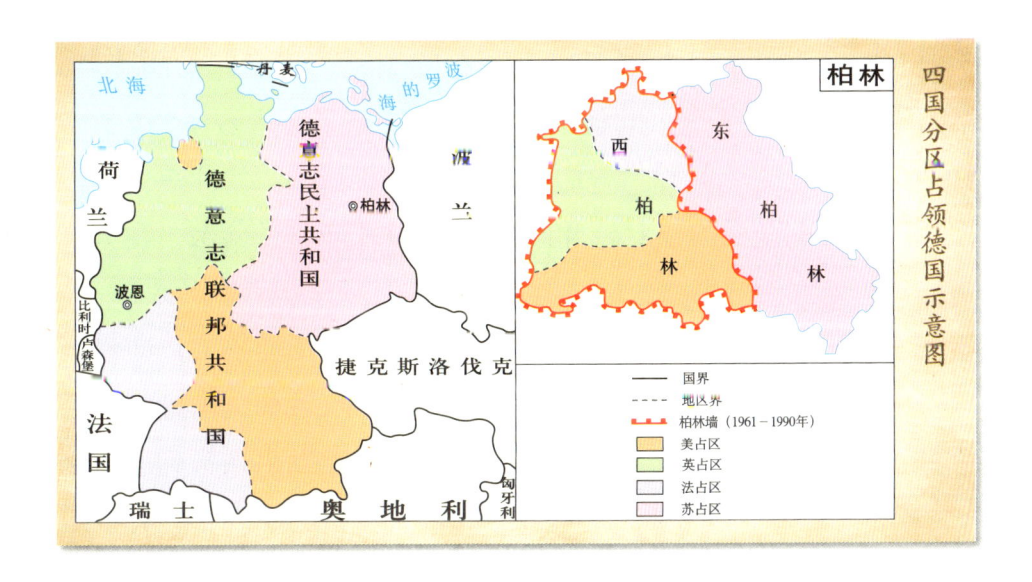

四国分区占领德国示意图

094 "北约"是什么组织？

北大西洋公约组织，简称"北约"，是美国与西欧、北美主要发达国家为实现防卫协作而建立的一个国际军事集团组织，实际上是美国控制西欧、遏制苏联、推行全球战略的工具。北约是如何建立和发展的呢？

北约的成立

1949年，美国、英国、荷兰、比利时、卢森堡、挪威、葡萄牙、意大利、丹麦、冰岛、法国和加拿大12个国家在美国首都华盛顿签订《北大西洋公约》。公约规定：缔约国实行"集体防御"，当任何一个缔约国遭到武装攻击时，其他缔约国必须给予援助，包括使用武力。1949年8月公约生效时，北大西洋公约组织成立了。北约成立后，成员不断增加。希腊和土耳其于1952年加入该组织。联邦德国于1955年加入该组织。

联邦德国加入北约对于苏联和东欧国家无疑是巨大的威胁，1955年，苏联同7个东欧社会主义国家缔结了《华沙条约》，华沙条约组织建立（简称"华约"），与北约相抗衡。由此东西方两大军事集团的全面冷战对峙开始，直到1991年华约解散，两大阵营的对峙才宣告结束。

北约总部设在布鲁塞尔，主要机构有：部长理事会，即最高决策机构；防务计划委员会，负责审议防务政策和军事计划；常设理事会；国际秘书处；军事委员会，最高军事指挥机构。最主要的作战机构是欧洲盟军最高司令部，负责管理欧洲防务，最高司令由美国将军担任，第一任最高司令是艾森豪威尔。北约的军事战略经历了三个发展时期，初期是地区性遏制战略，1954年北约采用大规模报复战略，1967年转而奉行灵活反应战略。

北约的东扩

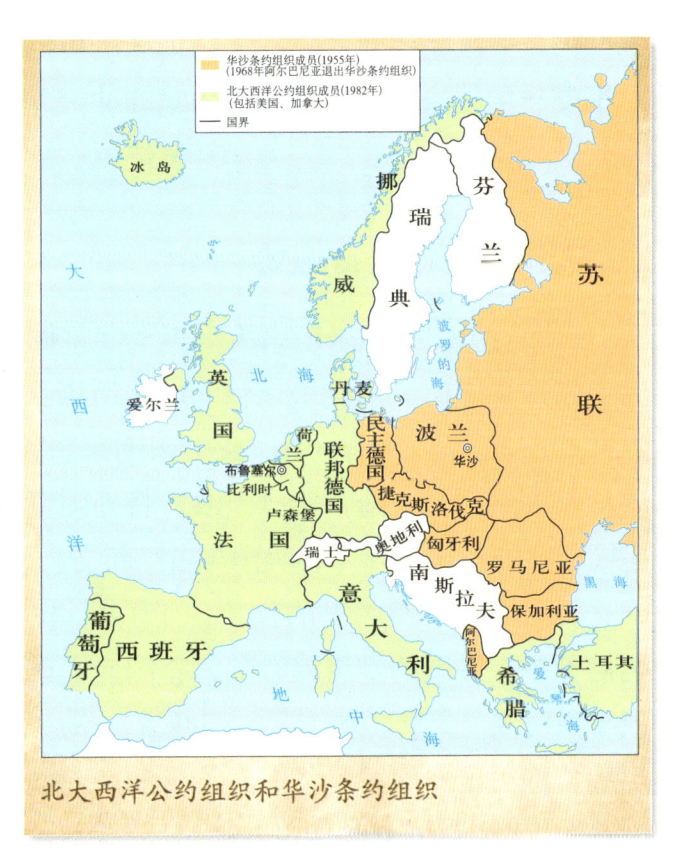

20世纪90年代，随着华约解散和苏联解体，北约开始全面调整战略。1991年12月，北约与部分中东欧国家成立北大西洋合作委员会。1994年1月，北约通过了与中东欧国家以及俄罗斯建立"和平伙伴关系"的计划。1996年9月，北约公布《东扩计划研究报告》。1999年，波兰、匈牙利和捷克斯洛伐克正式成为北约新成员。2004年，罗马尼亚、保加利亚、立陶宛等7国正式加入北约。2009年，克罗地亚和阿尔巴尼亚正式加入北约。2017年，黑山共和国正式加入北约。2020年，北马其顿正式加入北约。2023年，芬兰正式加入北约后，北约共拥有31个成员国，成为国际舞台上一支举足轻重的政治、军事力量。

北大西洋公约组织和华沙条约组织

095 什么是古巴导弹危机？

1962年10月，美苏两国为争夺霸权在加勒比海地区引起了尖锐冲突，即古巴导弹危机，又称加勒比海危机。这场危机，差一点引发一场核战争。这次惊心动魄的冲突，是人类进入核时代以来的重大危机。

美国对古巴进行威胁

古巴，是拉美国家中离美国本土非常近的国家。1959年，古巴人民推翻了由美国一手扶植的巴蒂斯塔政权。革命胜利后，古巴共和国成立，这是一个社会主义国家。新政府对古巴的经济、政治制度进行了改造，实行土改，将外国资本和本国的企业、大庄园收归国有。1961年，美国与古巴断交。

美国不甘心在古巴的失败，于1961年4月策划指挥1000余名雇佣军在古巴的基隆滩登陆，企图武力颠覆古巴共和国，被古巴军民击溃。之后，美国一方面并未完全放弃对古巴的武力威胁；另一方面，又转向了对古巴经济上的全面制裁，企图通过掐断其经济命脉来扼杀年轻的古巴共和国。

苏联的冒险

苏联领导人赫鲁晓夫为了同美国争夺世界霸权，力图在拉丁美洲寻找立足点。他看中了古巴，以"保卫古巴"为名，逐步加强了对古巴的经济和军事援助。从1962年7月开始，苏联把进攻性导弹和发射设备秘密运进古巴，以加强对美国的威慑力量。

美国的反应

美国很快察觉到苏联将导弹运进古巴，1962年10月22日，美国宣布武装封锁古巴，要求苏联"在联合国观察员的监视下，迅速卸除和撤退在古巴的进攻性武器"，并先后出动了183艘军舰封锁古巴海面。美国对古巴实施海上"隔离"期间，世界各地美军都进入最高戒备状态。与此同时，苏联、古巴、华约组织的其他成员国也做了相应准备。美苏双方剑拔弩张，一场核战争大有一触即发之势。

美苏妥协

美苏并不愿意真的触发核大战。10月24日，苏联货船在美国警戒线前停了下来，然后掉头返航。10月26日，赫鲁晓夫致函肯尼迪总统表示同意撤走导弹，但美国要保证不入侵古巴。10月27日，肯尼迪发表声明，要求苏联在联合国监督下从古巴撤出导弹，美国保证不入侵古巴。11月8日—11日，苏联从古巴运走42枚导弹，并在公海上接受美国军舰"船靠船的观察"。20日美国取消对古巴海面的封锁。

1962年10月，美国军舰在加勒比海域实施对古巴的封锁

双方的武装力量先后解除戒备状态，古巴导弹危机遂告平息。1963年1月，美苏宣布两国关于古巴危机的谈判正式结束。

096 你知道欧盟的前世今生吗？

欧洲联盟，简称"欧盟"，总部设在比利时首都布鲁塞尔，是由欧洲共同体发展而来的。欧盟现拥有27个会员国（截至2022年）。欧盟是如何产生的呢？

欧盟委员会总部所在的贝尔莱蒙大楼，已经成为比利时首都布鲁塞尔极具象征意义的建筑物

欧洲共同体

第二次世界大战严重削弱了西欧主要资本主义国家的实力，战后的美国成为资本主义世界的霸主。欧洲一些国家认为，要想

重新在战后的国际事务中发挥有力的影响，就必须联合起来，实现欧洲的统一。

1951年4月，法国、联邦德国、意大利、比利时、荷兰、卢森堡6个国家在巴黎签署了《欧洲煤钢共同体条约》，该条约约定六国共同管理六国煤钢的生产、投资、价格和原料分配等事宜，建立煤钢共同市场。"二战"后，为了抗衡美苏两国，欧洲国家开始走联合的道路。1957年3月，六国在罗马签订了《建立欧洲经济共同体条约》和《建立欧洲原子能共同体条约》。1958年1月1日，条约生效，欧洲经济共同体和欧洲原子能共同体成立。1967年，欧洲煤钢共同体、欧洲经济共同体、欧洲原子能共同体合并为欧洲共同体，简称"欧共体"，这是欧洲一体化的重要步骤。

欧洲联盟

"欧盟"，由欧洲共同体发展而来，是一个集政治实体和经济实体于一身、在世界上具有重要影响的组织。1991年12月，欧共体首脑会议通过了以建立欧洲经济货币联盟和欧洲政治联盟为目标的《马斯特里赫特条约》。1993年11月1日，条约生效，欧洲联盟成立，这标志着欧共体从经济实体向经济政治实体过渡。欧洲理事会是欧盟成员国首脑会议，在欧盟中占中心地位，每年至少举行两次会议，确定联盟的总体政治方针。主要机构：欧盟理事会（决策机构）、欧盟委员会（执行机构）、欧洲议会（监督、咨询机构）、欧洲法院（仲裁机构）、欧洲审计院（财政管理机构）等。

英国"脱欧"后，欧盟有27个成员国，欧盟成员国公民拥有欧洲统一的护照，大多数使用统一的货币——欧元。欧盟是世界上一体化程度最高的国家集团，在国际上发挥着重要的作用。

097 "二战"后日本经济是如何迅速发展的？

1964年10月10日，第18届夏季奥林匹克运动会在日本东京开幕，在引人注目的奥运火炬点燃仪式中，最后作为主火炬手点燃奥林匹克圣火的是日本19岁的早稻田大学学生坂井义则。他出生于广岛原子弹爆炸那天（1945年8月6日），这一特殊的寓意，就是在向全世界宣告，日本已经从第二次世界大战的废墟中走了出来。这一次奥运会，成为日本经济迅速增长的开始，日本的国民生产总值每年以10%的速度快速增长，到20世纪70年代，一跃成为资本主义世界的第二号经济强国，创造了不折不扣的经济

第18届夏季奥运会开幕式上，19岁的田径运动员坂井义则举着火炬

奇迹。为什么日本经济的发展能够如此迅速呢？

美国的扶持

美国在"二战"后对日本实行军事占领，准备彻底摧毁日本的军国势力，防止日本东山再起，甚至想要废除日本的天皇制度。但随着国际形势的变化，特别是中国革命的胜利、美苏争夺世界霸权的斗争日益激烈，对美国而言，日本的战略地位变得十分重要，成为其对抗社会主义国家的桥头堡。所以美国对日本的态度发生了改变，开始对日本进行扶持。美国在亚洲进行了朝鲜战争和越南战争，将大量的军事订单交给日本的企业，使日本很多苟延残喘的企业起死回生，甚至大发战争财。这为日本经济的迅速恢复注入一针强心剂。

日本政府的调控

"二战"后的日本政府效法欧洲强国，在经济方面，制定了一系列有效的政策和措施，实行国家干预经济和国际垄断的制度，为国家经济的发展指出方向，并及时进行调整，比如大力发展高新技术产业，提出"科技立国"。日本战后还大力发展教育，加大智力投资，为现代化发展培养了大量技术工人和科技人才。此外，日本企业采用了严格又灵活的企业管理制度，他们把中国的儒家思想，与西方严格的工业化管理结合起来，培养员工对企业的服从意识和奉献精神，从而达到高效管理的目的，这在一定程度上也推动了日本经济的发展。

098 什么是"从摇篮到坟墓"的社会保障制度？

第二次世界大战后，西方国家为了解决贫困、失业、社会不平等问题，提出国家应积极承担社会责任，加大社会福利投入，竞相以"从摇篮到坟墓"相标榜，纷纷宣布成为"福利国家"。

社会保障制度的建立

社会保障立法的萌芽可以追溯到 1601 年英国制定的《济贫法》。现代意义上的社会保障法的出现以 1883 年德国俾斯麦政府制定的《疾病保险法》为标志。为了缓和社会矛盾，特别是资本家与普通劳工之间的矛盾，达到巩固统治的目的，德国开创了社会保障立法之先河。

1929 年美国爆发严重的经济危机，为解决国内矛盾，罗斯福新政开始实施，1935 年美国颁布的《社会保障法》，实行养老金制度、失业保险制度、向无依无靠者提供救济。这是第一部规定了社会保险、社会福利和社会救助等内容的综合性

罗斯福签署《社会保障法》

立法。

随后欧美各国也先后通过立法的方式颁布一系列有关社会保障制度的法律文件。欧美、日本等发达资本主义国家的社会保障制度进一步发展。这些社会保障制度包括三大部分：一是包括养老在内的各种社会保险；二是包括失业在内的各种救济；三是包括住房、医疗在内的各种福利，覆盖到人们生活的方方面面。特别是北欧一些国家，生孩子、小孩子上学、读大学、失业、殡葬等很多花费都由国家来买单，福利可以说是覆盖了"从摇篮到坟墓"多方面。

如今负担沉重

完善的社会保障制度，不仅要求政府的参与，也要求全体国民的广泛参与。但是近年来欧美国家的社会保障制度出现了很多问题。

首先，开支越来越大，财政负担日渐沉重。欧美国家近年来经济增长乏力，人口出生率持续走低，老龄化现象严重，这些都使政府财政不堪重负。

其次，该制度造成了一定的社会惰性，由于有高额的失业救济金，很多人不愿从事工资较低或较为辛苦的职业，有的人甚至依赖各种福利，不劳而获，从而加剧了社会的不公平现象。

再次，高福利也使外来移民蜂拥而入，这些不劳而获的人与当地居民不可避免地产生了矛盾，加剧了社会动荡。所以这种社会保障制度正从令世人艳羡不已的美好愿景，逐渐演变成难以医治的制度沉疴。当今的西方国家纷纷认识到改革社会保障制度的迫切性，但又面临改革可能带来的社会动荡的风险，西方社会保障制度改革任重而道远。

099 | 曼德拉为什么被称为"全球总统"？

"黑色肌肤给他的意义，是一生奉献。肤色斗争中，年月把拥有变做失去，疲倦的双眼带着期望。今天只有残留的躯壳，迎接光辉岁月，风雨中抱紧自由。一生经过彷徨的挣扎，自信可改变未来，问谁又能做到……"——这是中国香港歌手黄家驹创作的歌曲《光辉岁月》，致敬的是南非前总统曼德拉。

不屈的斗争

纳尔逊·罗利赫拉赫拉·曼德拉（1918—2013年），出身于南非科萨人家庭。因为家庭原因，曼德拉幼年有机会进入教会学校学习，接受了正规的学校教育。南非当时处于英国的殖民统治之下，白人统治者对黑人采取种族隔离、歧视和压迫政策。广大黑人生活在地狱一般的黑暗之中。

成年后，曼德拉来到了约翰内斯堡，半工半读完成大学学业。在这里，他看到了白人居住区的繁华景象，也看到了黑人居住区的破烂和拥挤，还接触到了白人政权对黑人实行的种族隔离，亲身感受到了"白人至上主义"对黑人的残酷压迫。

印度民族解放运动领导人甘地曾在南非工作20多年，他的"非暴力不合作"抗争思想深深地影响了曼德拉。1944年，曼德拉加入非洲人国民大会（简称"非国大"），参与组建青年联盟，1947年任青年联盟书记，领导反对种族隔离制度的非暴力斗争。1951年，曼德拉当选非国大全国副主席。面对南非白人政权变本加厉的种族压迫，非暴力抵抗已经难以继续下去。曼德拉在组织了多次罢工和地下武装斗争之后，于1962年被捕入狱，后被判处终身监禁。

1964年，曼德拉被关进臭名昭著的罗本岛监狱。这里被称为"犯人的活地狱"。在恶劣的生活环境中，他还要从事繁重的体力劳动。即便如此，他从未放弃和妥协，依旧关心自己的民族和人民，领导和鼓励岛上的政治犯们为争取合理待遇而斗争，坚持锻炼身体，自学伦敦大学法学研究生课程。曼德拉带领狱友一起学习政治、经济、法律甚至南非白人的语言，把监狱变成了与白人独裁政府作战的战场和学习的课堂。曼德拉面对白人政府以放弃武装斗争作为释放出狱的条件，坚持非国大的政治原则，不为所动。他的精神，极大地鼓励了监狱的囚犯们。人们开始把荒凉的罗本岛称为"曼德拉大学"。监狱中的曼德拉逐渐成为全球瞩目的焦点。

国际上发起要求释放曼德拉的请愿行动，行动波及全球。曼德拉被称为"全球总统"，成为南非的象征，成为全世界无数人的偶像。1990年，迫于压力，南非政府释放了曼德拉。

从黑白分明到彩虹国度

1990年，非国大与白人政府进行了第一次谈判。1991年，南非废除了种族隔离制度。1993年，曼德拉被授予"诺贝尔和平奖"。1994年，南非举行了首次非种族的全民大选，曼德拉成为新南非第一位黑人总统。1999年卸任后，他继续为南非公益事业及非洲和国际和平事业服务。曼德拉已经成为全世界热爱和平的人们心中的精神偶像。

2013年12月，曼德拉病逝。南非政府为他举行国葬。

国际联盟和联合国分别是怎样的组织？

国际联盟和联合国是 20 世纪两个规模最大的普遍性的国际组织，二者都是世界大战的产物，反映了世界人民维护和平的心声。

国际联盟

国际联盟，简称国联，第一次世界大战后建立起来的国际组织，总部设在日内瓦。1919 年，巴黎和会通过了《国际联盟盟约》，并把它列为《凡尔赛条约》第一部分的内容。1920 年 1 月 20 日，《凡尔赛条约》生效，国际联盟正式成立。当时会员国共 44 个，后来逐渐发展到 63 个，后有 18 个国家先后退出或被逐出。《国际联盟盟约》共 26 条，宣称国际联盟以"促进国际合作，维持国际

原国际联盟总部所在地——日内瓦万国宫，现为联合国驻日内瓦办事处

和平与安全"为目的，盟约提出了会员国应尽的义务与职责：裁减军备，相互尊重并保持领土完整和行政独立；对战败国的属地实行"委任统治"制度等。国际联盟的主要机构有会员国全体代表大会、国联行政院、秘书处，附设国际法庭、国际劳工局等。

国际联盟是世界上第一个政治性的国际组织，但在帝国主义强权政治存在的情况下，它实际上成为英、法所操纵的维护战后国际秩序的工具。第二次世界大战爆发后，国际联盟已名存实亡，1946年4月国际联盟宣告正式解散，联合国取代国际联盟成为当代最大的主权国家组织，其档案全部移交给联合国。

联合国

联合国是第二次世界大战后建立的，由主权国家组成的维护世界和平与安全的国际组织，是当今世界上最大的国际组织。

1945年4月，50个国家的代表出席了在美国旧金山举行的"联合国家国际组织会议"。经过两个多月的会谈，会议最终通过了《联合国宪章》。《联合国宪章》的宗旨是：维持国际和平及安全，发展国际间友好关系，促成国际合作，构成一个协调各国行动之中心等。10月24日，《联合国宪章》正式生效，联合国正式成立，这一天也成为联合国日。参加宪章签字的51个国家为联合国创始会员国，中国是创始会员国之一。

联合国总部在美国的纽约，主要机构有联合国大会、安全理事会、经济及社会理事会、托管委员会、国际法院和秘书处。现在安全理事会由中、法、俄、英、美5个常任理事国及10个非常任理事国组成。一国申请加入联合国，需经安全理事会推荐，并由大会三分之二多数通过。截至2022年，联合国已经拥有193个会员国。联合国在解决国际争端中发挥的作用越来越大。